es 1384

edition suhrkamp

Neue Folge Band 384

»In einem Zeitalter, in dem die Entwicklung der Waffentechnik und darüber hinaus der Technik überhaupt Menschen Machtmittel in die Hand gegeben hat, mit denen sie große Teile der Menschheit zerstören können, wird es nötig, die überkommenen Formen des Zusammenlebens, und besonders auch die Standarde des Verhaltens, auf allen Ebenen einer Prüfung zu unterziehen. Man könnte wohl sagen, daß der Aufstieg zu einem bisher unerreichten Niveau der Gefahren, die Menschen in ihren Überlebenseinheiten, also vor allem in Staaten, füreinander bedeuten, den Übergang zu einer neuen Ära darstellt. Wir stehen vor der Wahl zwischen der weitgehenden Selbstzerstörung der Menschheit und der Abschaffung der Haltungen, die zu Kriegen als Mitteln der Lösung zwischenstaatlicher Konflikte führen. Die zweite Alternative verlangt eine weitere Zivilisierung. Sie verlangt insbesondere eine größere Mäßigung als je zuvor in der Handhabung sozialer Konflikte von seiten aller Beteiligten.«

Norbert Elias, 1897 in Breslau geboren, 1933 emigriert (Paris/England), lebt heute in Amsterdam.

Von seinen Publikationen liegen im Suhrkamp Verlag bereits vor: *Über den Prozeß der Zivilisation.* 2 Bände (stw 158 und 159); *Die höfische Gesellschaft* (stw 423); *Engagement und Distanzierung; Über die Zeit; Über die Einsamkeit der Sterbenden* (BS 772). – Ferner: Norbert Elias/Wolf Lepenies, *Zwei Reden anläßlich der Verleihung des Theodor W. Adorno-Preises* (es 954); sowie zwei Materialienbände zu Norbert Elias' Zivilisationstheorie (stw 233 und stw 418).

*Für Michael Schröter,
dessen Freundschaft diese Ausgabe
ermöglicht hat*

1*

Manchmal ist es nützlich, um die Tagesfragen besser zu verstehen, sich in Gedanken ganz von ihnen zu entfernen und dann gleichsam aus der Distanz langsam wieder zu ihnen zurückzukehren. Man versteht sie dann besser. Denn wer nur in die Tagesfragen vertieft ist, wer niemals über sie hinaussieht, ist praktisch betrachtet blind.

Dies ist ein Tag, an dem wir den Frieden feiern, den Frieden nach dem Ende eines schrecklichen Krieges. Er ist so auch der eigentliche Geburtstag der neuen deutschen Bundesrepublik, den wir gleichzeitig mit diesem Tag des Friedens feiern. Wir feiern also eine vierzigjährige Friedenszeit – wir, die Völker Europas. Andere Völker der Erde sind weniger glücklich. Dort hören die Kriege und die Revolutionen, die zwischenstaatlichen und die innerstaatlichen Gewalttätigkeiten der Men-

* Dieses kleine Buch entstand bei der Arbeit an einem Vortrag über das gleiche Thema, den ich auf Einladung der Universität Bielefeld dort am 8. Mai 1985 hielt. Eine Tonbandnachschrift des tatsächlichen Vortrags soll in Nr. 2 der *Bielefelder Universitätsgespräche* veröffentlicht werden.

Ich bin Rudolf Knijff zu besonderem Dank verpflichtet für seine Hilfe bei dieser Arbeit. Auch Gottfried Hermelink hat mir viel geholfen, und ich bin ihm dankbar dafür.
Der Band erscheint im Rahmen eines von der Fritz-Thyssen-Stiftung geförderten Editionsprojekts (Gesamtleitung: Hermann Korte, Ruhr-Universität Bochum), der ich an dieser Stelle gleichfalls meinen Dank aussprechen möchte.

schen nicht auf. Wir können uns glücklich schätzen, in einer Gegend der Erde zu leben, in der es vierzig Jahre lang keinen Krieg gegeben hat. Aber was für eine Welt ist das, in der man sich beglückwünschen kann, wenn man einmal vierzig Jahre lang, weniger als ein halbes Jahrhundert, von der Bedrohung und der Wut des gegenseitigen Mordens der Menschen, das wir Krieg nennen, nicht *direkt* betroffen wurde, und in der man überdies ständig gewärtig sein muß, daß der nächste, noch schrecklichere Krieg über einen hereinbricht? Was für Menschen sind das, die sich gegenseitig immer von neuem mit Krieg, mit Mord und Totschlag bedrohen?

Humana conditio, das Los der Menschen. Ich habe dies als Richtpunkt für das, was ich hier zu sagen habe, unter anderem deswegen gewählt, weil die gewalttätigen Auseinandersetzungen zwischen Menschen, die wir Kriege nennen, soweit wir zurückschauen können, zum Schicksal, zu den Lebensbedingungen der Menschen gehören. Menschengeschaffenes Leid, menschengeschaffene Greuel. Und doch kommen und gehen die Kriege bisher wie Sturmfluten und Gewitter, unbeherrschbar für Menschen. Welche Besonderheiten auch immer den Hitler-Krieg von allen anderen unterscheiden, man kann dem menschheitlichen Problem, um das es hier geht, nicht ganz gerecht werden, wenn man den Blick auf diesen letzten europäischen Krieg oder auf den möglichen nächsten Weltkrieg gebannt hält, wenn man nicht fragt: Warum überhaupt Krieg?

Das gegenseitige Morden der Völker ist von Menschen zu einer stehenden Institution erhoben worden. Kriege gehören zu einer festen Tradition der Menschheit. Sie sind in deren gesellschaftlichen Einrichtungen wie im gesellschaftlichen Habitus, im Wirbild der Menschen, selbst der friedliebendsten, verankert. Aber nun sind wir am Ende der Bahn angelangt. Wir leben in einem Moment der Menschheitsentwicklung, wo der nächste Krieg die Zerstörung eines beträchtlichen Teiles der Menschheit, wenn nicht der bewohnbaren Erde, und nicht zuletzt auch der Kriegführenden selbst mit sich bringen wird. Viele Menschen wissen das, und wahrscheinlich sogar auch einige Mitglieder der Staatsregierungen, die den nächsten Krieg vorbereiten. Aber der Zwang der gesellschaftlichen Einrichtungen und des gesellschaftlichen Habitus der Menschen, die zum Kriegmachen drängen, ist so groß und anscheinend so unausweichlich, daß uns, die wir nun mit Trauer des letzten Krieges gedenken und zugleich mit Erleichterung eine kärgliche Friedenszeit von vierzig Jahren feiern, bereits wieder die Furcht vor dem nächsten, noch schrecklicheren Krieg im Nacken sitzt.

2

Eigentümlich, wenn Sie einmal mit weiter Sicht darüber nachdenken – Menschen haben in mancher Hinsicht gelernt, die wilden Naturgewalten zu zähmen. Die imaginären Geister und Götter, die einst in der Vorstellung der Menschen die ungezähmte Erde mit ihren dunklen Wäldern, ihren unheimlichen Gebirgen und ihren gefährlichen Meeren bevölkerten, sind heimgekehrt in die menschlichen Träume, aus denen sie kamen. Die Entwicklung der Naturwissenschaften – man sollte das gerade an den Universitäten nicht vergessen – hat Menschen über weite Bereiche des Naturgeschehens hin ein relativ sachgerechtes, ein realitätsnahes Wissen von den Zusammenhängen des Naturgeschehens an die Hand gegeben. Diese Wissenschaften haben, wie man das früher nannte, die »Wahrheit« über die Natur zutage gefördert. Sie haben der panischen Furcht vor der dämonischen Natur wie der Wunschvorstellung von der immer gütigen Mutter Natur das Handwerk gelegt.

Viele Menschen können es anscheinend den Naturwissenschaften nicht vergeben, daß sie die Natur entzaubert haben. Auch dies gehört zur Humana conditio. Ich glaube, es ist im Zusammenhang mit dem, was ich hier zu sagen habe, nicht ganz unwichtig, das in Worte zu fassen. Viele Menschen sagen, sie wollen die Wahrheit wissen, sie wollen wissen, wie die Welt, in der sie leben, wirklich aussieht. Aber beim genaueren Hinsehen zeigt sich oft, daß die Welt so, wie sie wirklich ist, den menschlichen Wünschen ganz und gar nicht entspricht. Wenn sie dessen gewahr werden, schrecken viele Menschen vor der Wahrheit zurück. Sie wiegen sich lieber in Träumen, machen sich lieber etwas vor. Das ist in der Tat eine der zentralen Fragestellungen der menschlichen Existenz: Will man die Welt möglichst so sehen, wie sie wirklich ist, selbst wenn sich dabei herausstellt, daß sie gefühlsmäßig unbefriedigend, daß sie nicht so beschaffen ist, wie man es sich wünscht? Oder will man sich in seine Wünsche und Ideale einhüllen wie in ein wärmendes Gewand, das einen vor der Kälte des Lebens schützt, auf die Gefahr hin, daß die unerwünschte Wirklichkeit plötzlich einmal in die wärmenden Träume einbricht, so daß man verbittert, enttäuscht und zynisch weiterlebt angesichts der

Träume, die verlorengegangen, der Ideale, die verrostet und zerbrochen sind?

Ich gebe Ihnen ein Beispiel, das vielleicht fern genug ist, um es ohne besondere Mühe zu ertragen. Das Gesamtbild des Universums, in dem wir leben, wie es aus der fortschreitenden Forschungsarbeit der Kosmologen langsam hervortritt, ist weit entfernt von dem sanft-harmonischen Weltbild Newtons, ist alles andere als anziehend. Der Atommeiler der Sonne, der kontinuierlich sein eigenes Brennmaterial verbraucht und sich irgendwann einmal in einen »weißen Zwerg« verwandeln wird, die Gebilde, die man »schwarze Löcher« nennt, die selbst Lichtstrahlen aufzehren und nicht wieder herausgeben – kurzum, der wüste, ziellose Automatismus des tatsächlichen Universums, den die Kosmologen zu entdecken beginnen, ist recht weit entfernt von dem harmonischen Gleichmaß der schönen, gesetzmäßigen Natur, deren Bild im Zeitalter der Aufklärung vorherrschte und die Phantasie ihrer Philosophen beflügelte.

Um es einmal mit einem Satz zu sagen: Was die Menschen der entwickelteren Gesellschaften auf dieser Erde selbst als Natur erleben, ist kaum noch an irgendeinem Punkte die ungezähmte, von Menschen unberührte Natur; es ist so gut wie ausschließlich die von Menschen gezähmte, von Menschen für menschliche Zwecke umgeformte Natur. Ich erwähne das hier, weil dieser Umstand einen gewissen Symbolwert besitzt. Viele Menschen der entwickelteren Gesellschaften vergöttern heute die Natur. Aber sie könnten das schwerlich tun, wenn sie völlig in der noch nicht von Menschen verarbeiteten, von Menschen gezähmten Natur leben müßten. Dadurch, daß sie sich nicht in vollem Umfang bewußt sind, welche Rolle die Arbeit der Menschen, die körperliche wie die wissenschaftliche, dabei gespielt hat, das Naturgeschehen, in dessen Mitte sie leben, für sie erträglich zu machen, leben sie in Gedanken mit einer verkehrten Wertskala. Sie verstellen sich den Blick dafür, daß für Menschen das Wichtigste in dieser Welt, zumindest solange keine Meteoren auf uns herabregnen, nicht das physikalische, das vormenschliche Naturgeschehen ist. Was für Menschen am wichtigsten ist, das sind die Menschen selbst. Sie können die wilde Natur zähmen und verschönern oder auch verschandeln.

Ich hole etwas weit aus. Aber für das, was ich zu Tagesfragen zu sagen habe, erscheint es mir wichtig, den großen Rahmen richtigzustellen, in dem sich die Tagesprobleme abspielen. Es ist kein bloßer Zufall, daß »Conditio humana« der Titel eines Gedichtes ist, das in seiner Sicht etwas von dem, was ich hier zu sagen versuche, zusammenfaßt. Es ist kurz. Erlauben Sie mir, es zu zitieren:

Wir hören das Brausen der wandernden Erde nicht
wir schließen die Augen vor der unfaßlichen Ferne
und vor der Fahrt die ohne Ziel und Namen ist
nur manchmal wenn da oben der kahle Mond
im Glanze seines geborgten Lichts erstrahlt
wenn die funkelnde Heerschar der leblosen Sterne
in ihrer kalten Schönheit auf uns herabsieht
spüren wir diesen Geschmack der einsamen Erde
mit ihrem lebenden Treibgut fast auf der Zunge
und der unbegriffne Auftrag der wissenden Menschen
auf ihrer Fahrt durch die Wüste der Welt ist uns nah
da schmilzt die Zeit die trügerischen Tore
Anfang und Ende stehn entzaubert da

und die Kulisse
der mörderischen Menschenziele sinkt
Wo sind wir?

Da haben Sie die unverhüllte Humana conditio – die einsame Erde mit ihrem lebenden Treibgut. Das sich entwickelnde Weltall oder, was das gleiche besagt, die »Natur«, aus der Menschen hervorgegangen und in die sie hineingeboren sind, dieses Weltall ist völlig gefühllos. Es ist weder gut noch schlecht zu den Menschen; es ist ein blinder, sinn- und zielloser Ablauf, dessen Gewalt und so auch dessen Macht, verglichen mit der Macht der Menschheit, überwältigend groß sind. Sein Ablauf vollzieht sich mit vollkommener Gleichgültigkeit gegenüber der Menschheit und den einzelnen Menschen. Die Naturabläufe, die sich in jedem Menschen vollziehen und die wir oft metaphorisch als dessen Körper bezeichnen, gehen häufig genug ihre eigenen Wege in der Form von Krankheiten, in der Form eines genetisch vorbestimmten langsamen oder schnellen Zerfalls – in der des Alterns und des Todes.

Menschen suchen sich immer wieder diese völlige Gleichgültigkeit des blinden nicht-menschlichen Naturgeschehens durch Phantasiebilder, die ihren Wünschen besser entsprechen, zu verschleiern. Ich halte diese Neigung, sich die Kenntnis der Wirklichkeit oder, wenn Sie so wollen, die »Wahrheit«, weil sie unwillkommen ist, durch Wunschbilder zu verdecken, für verderblich und gefährlich. Durch eine solche Verdeckung der Gleichgültigkeit dieser ganzen nicht-menschlichen Welt gegenüber den Menschen verdeckt man sich zugleich die Tatsache, daß die einzigen unter allen Gebilden der Welt, die unter

Umständen nicht gleichgültig gegenüber dem Schicksal von Menschen sein können, andere Menschen sind. Allein von Menschen können Menschen in dieser kahlen, gleichgültigen Welt Zuneigung, Wärme des Gefühls und Hilfe in den Beschwerden des Lebens erwarten.

Sei es aus reiner Wissensbegierde, sei es auf der Suche nach Hilfe oder Trost außerhalb der Menschheit, halten heute Gelehrte in diesem leblosen Weltall nach Signalen von anderen Wesen Umschau, die wie Menschen durch erlernte Symbole miteinander zu kommunizieren, Wissen zu speichern und in der Praxis zu nutzen vermögen. Aber es ist durchaus möglich, daß nur auf der Erde diejenigen Umstände zusammentrafen, die aus dem blinden, zweck- und ziellosen Naturgeschehen wissende, fühlende, mit Phantasie begabte und Ziele setzende Menschen hervorgehen ließen. Es ist durchaus denkbar, daß es in dem ganzen Weltall keine anderen Wesen dieser Art, keine »höheren Intelligenzen« gibt. Mag sein, daß wir ganz vergeblich in ein leeres Weltall hineinrufen: »Ist da jemand?« Vielleicht tun Menschen das in der Hoffnung, irgendwo jemanden zu finden, der stärker und weiser ist als wir selbst, jemanden, der uns, den Menschen, die Last der Verantwortung für uns selbst, für die Menschheit, abzunehmen vermag. Aber wir sind keine Kinder mehr. Da ist niemand.

Vielleicht finden Sie, daß ich für die Feier eines vierzigjährigen Friedens zu weit aushole. Aber meine Besorgnis um die akute Bedeutung dieses Friedenstages wird nicht durch meine Besorgnis um Verständnis für die Lage der Menschheit in dieser Welt getrübt. Die Sinnlosigkeit der Kriege und so auch dessen, was die Nationalsozialisten getan haben, die einzigartige Bedeutung, die Menschen füreinander besitzen, tritt erst mit voller Eindringlichkeit zutage, wenn man das Bild der wissenden, Sinn und Freude suchenden Menschheit auf dem kleinen Sonnenplaneten der Erde in der riesigen Wüste dieses gefühllosen Weltalls vor Augen hat.

Ganz gewiß können Menschen ebensogut auch die Bewohnbarkeit ihres Planeten für Menschen zerstören, und sie sind vielleicht schon auf dem Wege dazu. Aber es ist ein wenig erschreckend, wenn man sieht, daß viele Menschen daraus den Schluß ziehen, die von Menschen unberührte Natur sei menschenfreundlich und gütig und nur der Eingriff der Menschen in das Naturgeschehen beschwöre Gefahren für Menschen herauf. Die Wahrheit ist, daß Menschen seit vielen Jahrtausenden mit kurzfristigen Zielen, aus ihrem jeweiligen Unbehagen an der Natur heraus, an der Bändigung der wilden, ungezähmten und gefährlichen Erdnatur gearbeitet haben. Sie haben die Urwälder gerodet und in Felder und Gärten verwandelt. Es ist ihnen in einigen Gegenden gelungen, die Wölfe, die Wildkatzen, die Giftschlangen, alles, was ihnen feindlich war, auszurotten. Nun können sie in diesen Gegenden friedlich und ohne Gefahr durch die Lande ziehen und die von Menschen gezähmte und pazifizierte Natur schön finden. Raubtiere sind im Zoo hinter Gittern zu sehen. Nur die Menschen selbst, etwa in ihrer Rolle als Autofahrer, bilden jetzt eine Gefahr füreinander. Aber die unzweifelhafte Gefährdung der Menschen durch die Veränderungen, die sie ungewollt – zum Teil aufgrund ihrer unkontrollierbaren Anzahl, zum Teil aufgrund der Liebe für ihre Kraftwagen und anderer sozialer Eigentümlichkeiten dieser Zeit – in ihrer natürlichen Wohnwelt gegenwärtig herbeiführen, ist nur die bisher letzte Phase eines jahrtausendelangen Prozesses der Verwandlung ihrer natürlichen Umgebung durch die Menschen.

Zu allen Zeiten hatte diese zunehmende Verwandlung ihres nicht-menschlichen Wohnraums durch die Menschen unbeabsichtigte Folgeerscheinungen, die langfristig betrachtet teils günstig, teils ungünstig für Menschen waren. Daß gegenwärtig die schädigenden Folgeerscheinungen der Transformation ihres natürlichen Wohngebiets durch die Menschen möglicherweise ein größeres Ausmaß besitzen als früher, hängt mit zwei Eigentümlichkeiten der Menschheitsentwicklung zusammen, die, wie mir scheint, auch in diesem Kontext von Bedeutung sind. Ich will sie kurz erwähnen.

3

Die Lage der Menschen in der gegenwärtigen Phase ihrer sozialen Entwicklung wird aufs stärkste beeinflußt durch eine eigentümliche Ungleichmäßigkeit in der Entwicklung ihres Wissensschatzes. Gerade an den Universitäten läßt sich diese Ungleichmäßigkeit besonders gut beobachten, wenn sie auch gewöhnlich nicht als solche verstanden wird. Sachgerechtes, realitätsnahes Wissen von den nicht-menschlichen Naturzusammenhängen nimmt heute aufgrund des Wachstums der Forschungsinstitute in einem Maße zu, das die Zunahme des Wissens in allen früheren Jahrhunderten um ein Vielfaches übertrifft. Hand in Hand damit geht ein entsprechendes Wachstum der physischen Technologie, eine immense Ausdehnung der Kontrolle und Manipulation von nicht-menschlichen Naturabläufen durch die Menschen für militärische und friedliche Zwecke, die zugleich erhebliche Veränderungen des gesellschaftlichen Zusammenlebens der Menschen zur Folge hat. Die Anwendbarkeit in der Praxis, nicht nur in der technischen, sondern vor allem auch in der medizinischen, ist der beste Beweis für die Realitätskongruenz eines beträchtlichen Teils des naturwissenschaftlichen Wissens.

Bedenken Sie bitte, was hier geschieht. Durch die fortschreitende wissenschaftliche Arbeit wird die Natur in zunehmendem Maße entmythisiert. In diesem Bereich haben Menschen gelernt, daß die Beeinflussung ihrer Wissenssuche durch vorgefaßte Ideale, durch Wunschträume und Phantasien den Weg zu einem sachgerechten, wirklichkeitsnahen oder, in der älteren Sprache, zu einem »wahren« Wissen versperrt. Die Naturwissenschaften haben es de facto längst aufgegeben, davon auszugehen, daß das natürliche Universum ihren eigenen Idealen oder menschlichen Wünschen überhaupt entspricht. Es hat sich vielleicht noch nicht herumgesprochen, aber ich habe bereits darauf hingewiesen: das Gesamtbild des Universums, das nun allmählich aus der Forschungsarbeit der Naturwissenschaftler zutage tritt, ist für Menschen nicht besonders anziehend. Man bekam einen kleinen Vorgeschmack, wenn man sich im Fernsehen die Mondlandschaft von nahem ansah. Der Satellit der Erde, der aus weiter Ferne betrachtet als großer, goldener Mond der Liebenden am Sommerhimmel strahlt, erweist sich bei näherer Betrachtung als eine leblose Wüste voll von Geröll. Ich halte es für durchaus möglich, daß Menschen im Laufe des nächsten Jahrhunderts beginnen werden, diese armselige Wüste mit Pflanzen anzureichern, Lufträume zu schaffen, wo Menschen leben können, und so den Mond allmählich in eine liebenswerte Wohnstätte für Menschen zu verwandeln. Die Belohnung, die den Menschen das Zurückstellen ihrer Furcht und ihrer Wünsche bei der Wissenssuche einbringt, also der Mut, die Wirklichkeit dieser Welt ohne beschönigende Bedeckung zu sehen und darzustellen, ist ihr Vermögen, die derart erkannte Welt in den Grenzen ihres Machtbereichs so zu verwandeln, daß sie ihren Wünschen und Bedürfnissen besser entspricht.

Das ist, wenn Sie so wollen, das Geheimnis der Wissenschaft: durch Verzicht auf Wunschdenken, auf beschönigende Phantasien oder gegebenenfalls auch auf Furcht und Angst, das Wissen von der Welt so zu entwickeln, daß es möglichst genau auf die wirkliche Welt paßt. Wenn man solches Wissen besitzt, dann kann man sich daran machen, die unerwünschte, vielleicht auch furchterregende Welt so umzugestalten, daß sie den menschlichen Bedürfnissen besser entgegenkommt.

Die Menschen haben ein kurzes Gedächtnis. In den entwickelteren Ländern weiß man kaum noch, wie mühsam und gefahrenreich das Leben unserer Ahnen einmal war inmitten der wilden Steppen, der unbezähmbaren Flüsse, die oft unversehens das Land überfluteten, und der riesigen Wälder, wo alle Lebewesen, die Pflanzen, die Tiere und die Menschen, in ständigem Kampf miteinander lagen. Die Allgegenwart der Gefahren und der Furcht vor den unverstandenen Naturmächten fand ihren Ausdruck in der Mannigfaltigkeit der Geister, mit denen die schützende Phantasie der Menschen die bedrohliche, unverstandene Welt bevölkerte. Die Demythisierung der Natur war ein langer Prozeß, eine mühsame, ungeplante Arbeit von Jahrhunderten. Heute erinnert man sich ihrer kaum noch. Die Entmythisierung der Natur ist selbstverständlich geworden. Selbst die schmerzhafteste Krankheit schreibt man nicht mehr den Zaubersprüchen einer Hexe zu, selbst den Wahnsinn nur noch selten der Besessenheit von bösen Geistern. Selbst den Ausbruch eines Vulkans oder ein verheerendes Erdbeben schreibt man nicht mehr den erzürnten Geistern des Berges oder des Bodens zu. In vielen Ländern haben sich die Menschen dermaßen zu Herren der Natur gemacht, daß deren unverminderte Übermacht und Gefährlichkeit ihnen nur noch ausnahmsweise, gleichsam am Rande ihres Lebens, zu Bewußtsein kommen. Auch Erdbeben und Sturmflut erleben sie nun als Naturereignisse, deren Ursache und Auftreten man wissenschaftlich erforschen und deren Gefährlichkeit man dann mit Hilfe von wissenschaftlichen Vorhersagen mindern kann.

So wenig ist man gegenwärtig noch der Langwierigkeit dieses Entmythisierungsprozesses, dieser Entwicklung von höchst wirklichkeitsgerechtem Wissen im Bereich der nicht-menschlichen Natur gewahr, daß vielen Menschen die hohe Realitätskongruenz ihres Wissens von der Natur einfach als Ergebnis ihrer natürlichen Vernunft oder, allgemeiner, der universellen menschlichen Rationalität erscheint. Deswegen sind sie dann völlig unfähig zu erklären, warum Menschen zwar in der Lage sind, in bezug auf das außermenschliche Naturgeschehen »rational« zu denken und zu handeln, aber offensichtlich nicht in gleichem Maße imstande sind, sich in bezug auf ihr eigenes gesellschaftliches Zusammenleben »rational« zu verhalten. Wenn es sich aber hier wirklich um eine Frage der menschlichen »Rationalität«, der naturgegebenen »Vernunft« oder des universellen »Verstandes« handelte, dann wäre schlechterdings nicht einzusehen, warum Menschen von ihrer »Vernunft«, ihrer »Rationalität« nur in bezug auf die »Natur«, aber nicht, oder jedenfalls nicht im gleichen Maße, in bezug auf ihr soziales Zusammenleben Gebrauch machen. Die Zwangsläufigkeit, mit der sich Menschen gerade in dem Moment, in dem sie einen vierzigjährigen Frieden feiern, nun von neuem der Gefahr eines weiteren, noch weit schrecklicheren Krieges ausgeliefert finden, ist ein gutes Beispiel für diese eigentümliche Verschiedenheit des Verhaltens und Denkens in bezug auf die Natur und auf die Gesellschaft. Wenn Begriffe wie »Rationalität« oder »Vernunft« überhaupt eine klare Bedeutung hätten – und ich bezweifle, daß das der Fall ist –, dann müßte man erklären, warum sich gegenwärtig die menschliche »Rationalität« auf die Orientierung im Bereich des Naturgeschehens beschränkt, aber beim Nachdenken und auch beim Verhalten in bezug auf das gesellschaftliche Zusammenleben der Menschen, zu dem ja nun eben auch die zwischenstaatlichen Beziehungen gehören, haltzumachen scheint. Es ist ziemlich offensichtlich, daß man bei dem Bemühen um solche Probleme mit Begriffen wie »Vernunft«, wie »Rationalität« und »Irrationalität« nicht weiterkommt.

Der Unterschied, auf den man hier stößt, ist aufschlußreich. Wenn sich die Menschheit durch ein Naturereignis, etwa durch eine Seuche oder durch einen herannahenden Meteor, in eine ähnlich große Gefahr versetzt fände wie die, der sie heute durch den Gebrauch von Atomwaffen für kriegerische Zwecke ausgesetzt ist, dann würden sich viele Gruppen von Wissenschaftlern vor die Aufgabe gestellt sehen zu erforschen, wie man am besten dieser Naturgefahr begegnen oder, wenn sie nicht abzuwenden ist, wie man, etwa durch Umsiedlung von Menschengruppen, die Größe der Gefahr vermindern könnte. Man würde, mit anderen Worten, versuchen, unbeirrt durch Wunschträume und andere Phantasien eine möglichst realitätsnahe Erklärung der Gefahr zu finden und aufgrund dieses sachgerechten Wissens entsprechende praktische Maßnahmen zu treffen. Hier, bei der Bewältigung von Gefahren, denen Menschen durch das nicht-menschliche Naturgeschehen ausgeliefert sind, handeln die in bestimmten Gesellschaftsverbänden zusammengeschlossenen Menschen schon fast wie Erwachsene. Sie sehen sich nicht nach jemand anderem um, der ihnen helfen kann. Sie treiben keine Vogel-Strauß-Politik. Sie machen sich nicht vor, daß die Gefahr verschwinden wird, wenn sie im Chor den Wunsch aussprechen, daß sie verschwinde. Hier, bei der Begegnung mit Gefahren auf der Ebene der physikalischen und biologischen Natur, haben Menschen bereits Verständnis dafür gewonnen, daß Menschen allein etwas dazu tun können, die Gefahr aus dem Wege zu räumen oder zu mindern, und zwar gerade aufgrund von möglichst wirklichkeitsnahem Wissen. Aber dazu gehört nun eben eine bewußte Distanzierung von dem bedrohlichen Ereignis, eine Ausschaltung aller idealisierenden Wunschphantasien.

Damit kommt man dem Kern der Sache schon etwas näher. Bei der Bedrohung durch außermenschliche Naturereignisse sind Menschen einer solchen Zurückhaltung ihrer Wünsche und Phantasien bereits fähig. Der Anstieg war lang und mühsam, der sie dazu in die Lage versetzte. Aber nun ist in den entwickelteren Industriegesellschaften ein sozialer Standard des Sprechens und Wissens erreicht, der es schon den Kindern dieser Gesellschaften ermöglicht, die gezähmte Natur, in deren Mitte sie leben, ohne Angst vor Geistern und Zauberern zu erleben. Sie lernen sehr früh, daß die beweglichen Menschen auf dem Bildschirm keine Hexerei, daß Computer menschengeschaffene Apparate sind, die von Menschen repariert werden können, wenn sie widerborstig versagen. Und für Erwachsene dieser Gesellschaften ist die Entmythisierung der nicht-menschlichen Natur, ist ein relativ furchtloses und sachgerechtes gemeinsames Eingreifen von Menschen im Falle von Gefahren auf diesen, auf den physikalischen und biologischen Ebenen des Naturgeschehens zumeist schon ganz selbstverständlich. Sie geben sich kaum noch Rechenschaft davon, daß Menschen früherer Generationen auch die ehemals weit weniger gezähmte, weit bedrohlichere Natur um sie und in ihnen selbst in weit höherem Maße durch den Schleier ihrer Wünsche und ihrer Furcht, also mythisch-magisch erlebten.

Aber bei dem Bemühen um die Bewältigung der Gefahren, die Menschen füreinander darstellen, und besonders angesichts der gegenseitigen Bedrohung von Gruppen, die in militärisch gewappneten Staaten zusammengeschlossen sind, verhalten sich Menschen ganz anders. Prüfen Sie es selbst: Den erschreckenden Gefahren, denen Menschen durch einander – vor allem, aber gewiß nicht allein durch die gegenseitige Bedrohung mit physischer Gewalt oder direkt durch deren Gebrauch – ausgeliefert sind, steht die ganze Menschheit heute im Grunde noch genauso hilflos gegenüber wie unsere Ahnen den bedrohlichen Naturgewalten, also etwa den Blitzen, den

Seuchen oder den riesigen Überschwemmungen, denen wir den Mythos von Noahs Flut verdanken. Es gehört, mit einem Wort, zum Los der Menschen auf der gegenwärtigen Stufe der Menschheitsentwicklung, daß es nun in einigen Ländern, vor allem mit Hilfe der Naturwissenschaften, der reinen und der angewandten, gelungen ist, die Unbilden und Gefahren sehr erheblich zu mindern, denen Menschen durch ungezähmte Naturabläufe ausgesetzt sind. Daher bilden heute, alles in allem, Menschen selbst die größte Gefahr füreinander.

Gefühlsmäßig legen manche Menschen in der Gegenwart den Naturwissenschaftlern die Tatsache zur Last, daß sich Staaten mit Kernwaffen von bisher einzigartiger Zerstörungskraft bedrohen. Aber das ist einer der Mythen, mit denen man sich die gesellschaftliche Realität verstellt. Den Antrieb zur Entwicklung von militärisch brauchbaren Kernwaffen gab der Rüstungswettlauf des Krieges, dessen Abschluß wir heute feiern. Wie heute schon im Vorfeld eines möglichen Krieges, so fürchtete während des letzten Krieges eine der kriegführenden Parteien, die Amerikaner, daß die andere, Hitler und seine Heerscharen, ihr mit der Entwicklung einer brauchbaren Kernwaffe zuvorkommen könnte. Es ist die gegenseitige Feindseligkeit von Menschengruppen und insbesondere die gesellschaftliche Einrichtung der Kriege, die zur wissenschaftlichen Entwicklung von immer gefährlicheren Waffen drängt. Vermutlich schon in der Steinzeit trieben sich rivalisierende Menschengruppen zur Verbesserung ihrer Steinwaffen an. Aber damals war die Gefährdung von Menschengruppen durch nichtmenschliche Naturgewalten wahrscheinlich ebenso groß, wenn nicht größer als die durch andere Menschengruppen. Heute hat sich, wie gesagt, im Wohngebiet vieler Gesellschaften die erstere verringert. So tritt die Gefährdung der Menschen durch einander als die größte noch unbewältigte Gefährdung im Bereich dessen, was machbar ist, mit besonderer Schärfe ins Blickfeld.

Vielleicht sollte man noch hinzufügen, daß die Haltung der Menschen zu neuen Entdeckungen, zur Erweiterung ihres Wissens über die unbekannte Welt, in die sie hineingestellt sind, durchaus nicht immer freudig und bejahend ist. Alte Mythen zeugen davon, daß Menschen schon von früh auf neues Wissen verdächtig war. Es war besser, beim Alten zu bleiben. Man konnte nie sicher sein, ob die allwissenden Götter nicht böse darüber sein würden, daß die anmaßenden Menschen sich nun etwas mehr von dem Wissen der Götter zu eigen gemacht hatten. Man konnte nie wissen, welche Gefahren die neue Entdeckung mit sich bringen würde, welche Rache die Götter an den Menschen nehmen würden dafür, daß sie sich etwas von ihrem Wissen angeeignet hatten. Ich nenne das den Prometheuskomplex. Prometheus stahl das Feuer von den Göttern und brachte es den Menschen. Ein großer Wohltäter der Menschheit also. Aber er wurde dafür von dem höchsten Gott aufs fürchterlichste bestraft. Er wurde an einen Felsen geschmiedet, und ein Adler fraß ihm täglich etwas von den Eingeweiden weg. Auch Adam wurde ja von Gott aus dem Paradies verjagt, weil er die Frucht vom Baume des Wissens gekostet hatte, noch dazu auf Veranlassung seiner Frau. Auch da bestand wohl die Gefahr, daß der Mensch an dem göttlichen Wissen teilhaben könnte.

So mißtrauen auch heute noch viele Menschen den

Männern und Frauen der Wissenschaften, die ständig neues Wissen zutage fördern. Genauer gesagt, sie vergessen die Wissenschaften, wenn deren Früchte zu ihrer Wohlfahrt beitragen, wenn sie etwa dazu beitragen, daß junge Menschen gesünder heranwachsen und alte länger leben, und schieben nur, was ihnen mißfällt, der Wissenschaft in die Schuhe, etwa den sauren Regen oder die Verschmutzung der Flüsse. Aber bei vielen dieser mit Recht mißbilligten Erscheinungen handelt es sich gar nicht um naturwissenschaftliche, sondern um gesellschaftliche Probleme, oder genauer: um Machtfragen. Sie als solche zu erforschen und der Öffentlichkeit vorzustellen, gehört zum Aufgabenbereich der Sozialwissenschaften. Für deren Vertreter jedoch ist es schwer, die Hülle der verdeckenden Mythen zu durchdringen, die gegenwärtig das Bild der Menschen von den Gesellschaften, die sie miteinander bilden, noch weitgehend mitbestimmen.

Man kommt hier, wie Sie sehen, einer recht eigentümlichen Gespaltenheit des Wissens auf die Spur, die für die gegenwärtige Lage der Menschen in den entwickelteren Gesellschaften nicht wenig charakteristisch ist. Sie hat weitreichende Folgen für unser Leben und unseren Habitus, auf die ich hier nicht einzugehen vermag. Unser Verhältnis zur nicht-menschlichen Natur ist durch eine sehr weitgehende Entmythisierung und Säkularisierung des sozialen Wissens von den Naturzusammenhängen geprägt. Die hohe Realitätskongruenz dieses Wissens macht eine weitgehende Kontrolle des Naturgeschehens und dessen immer umfassendere Gestaltung entsprechend den menschlichen Bedürfnissen möglich. Das Verhältnis der Menschen zu ihrem Zusammenleben miteinander in der Form von Gesellschaften auf verschiedenen

Ebenen dagegen wird noch weitgehend durch Wunsch- und Furchtbilder, durch Ideale und Gegenideale, kurzum, durch mythisch-magische Vorstellungen bestimmt. Die Sachbezogenheit der Vorstellungen ist im Bereich der Gesellschaft sehr viel geringer als in dem der Natur, ihre Selbstbezogenheit, das Gewicht ihrer emotionalen Bedeutung für die jeweiligen Träger des Wissens um so größer.

4

Der Nationalsozialismus war gewiß ein besonders abschreckendes und gefährliches Beispiel eines Gesellschaftsmythos. Aber er war nur ein Beispiel unter vielen anderen. Sicherlich ist es erschreckend, daß ein grausamer und erbarmungsloser Gesellschaftsmythos, wenn er nur dem nationalen Selbstgefühl des eigenen Volkes schmeichelte und das Bedürfnis nach Bestätigung des unvergleichlichen Wertes der eigenen Nation befriedigte, bei so vielen Menschen Anklang finden konnte. Aber das war doch nur ein besonders furchtbares Beispiel für das unersättliche Bedürfnis der Menschen nach Gesellschaftsmythen, die den unvergleichlichen Eigenwert der eigenen Nation demonstrieren. Menschen, die der Empfänglichkeit für Naturmythen weitgehend entwachsen sind, geben sich wieder und wieder solchen nationalen Gesellschaftsmythen hin. Sehen Sie sich um. Treibt man uns nicht auch heute wieder einem Kriege zu im Namen von Gesellschaftsmythen oder, wie man wohl auch sagt, im Namen von sozialen Ideologien, die zugleich auch den unvergleichlichen Wert der eigenen Nation begründen? Ist die Verstrickung, ist diese Abtrift zum Kriege nicht vielleicht gerade deswegen so ausweglos, weil der reale Konfliktstoff, über den sich reden läßt, dermaßen durch gefühlsgeladene Gesellschaftsmythen überhöht wird, daß sich über ihn nicht mehr reden läßt? Die Strategien der führenden Männer sind ja durch solche Mythen, durch Ideologien oft ganz entscheidend mitbestimmt. Sind sie es wert, daß man dafür von neuem Millionen Menschen zum Tode verurteilt und weite Teile der Erde unbewohnbar macht?

Lassen Sie mich ein paar Worte zur Funktion solcher Mythen sagen. Sie gehören, glaube ich, in den Zusammenhang dieses Erinnerungstages. Sie sind auch nicht ganz entbehrlich, wenn man, wie ich es vorhabe, ein wenig über die Zukunft Europas und so der Bundesrepublik sprechen will. Erst also ein paar Gedanken zur Diagnose der Vergangenheit, die nun hinter uns liegt.

Es ist zuweilen gesagt worden, aber doch vielleicht der Wiederholung wert, daß die erschreckende Episode des Nationalsozialismus nur im Zusammenhang mit einer sozialen Situation zu verstehen ist, der man bei der Entwicklung zwischenstaatlicher Beziehungen, wie der Beziehungen zwischen relativ autonomen Überlebenseinheiten überhaupt, immer von neuem begegnet. Wieder und wieder findet man, daß sich solche Überlebenseinheiten, ob Staaten oder Stämme, nach einer Reihe von Kämpfen im Sinne einer Status- und Machthierarchie ordnen. Im Laufe einer Serie von Ausscheidungskämpfen treten etwa zwei oder drei der beteiligten Staaten als die mächtigsten an die Spitze dieser Staatenfiguration und verwickeln sich dann aufgrund des Figurationszwanges in einen Vormachtkampf miteinander. Der Ausgang eines solchen Hegemonialkampfes kann sehr verschieden sein. Er kann, wie im Falle der antiken griechischen Stadtstaaten, zu einer Pattsituation führen. Weder Sparta noch Athen noch Theben oder Korinth gewannen die Hegemonie in ihrem Staatenfeld, um die sie kämpften. Aber schon dieses Beispiel zeigt die eigentümliche Zwangslage. Wenn in einem solchen Felde andere Staaten durch Bündnisse oder durch die Herrschaft über andere Menschengruppen stärker werden, dann werden Staaten, die nicht stärker werden, schwächer.

Die Geschichte Roms ist ein gutes Beispiel für den Aufstieg einer Hegemonialmacht in einer jahrhundertelangen Serie von Ausscheidungskämpfen. Rom ist auch ein gutes Beispiel für das, was ich den Hegemonialrausch, den *furor hegemonialis*, das Hegemonialfieber nennen möchte. Wenn es einem Staat gelungen ist, bei frühen Ausscheidungskämpfen zwei oder drei annähernd gleich starke Konkurrenten zu besiegen und in eine Bundesgenossenschaft oder eine Untertänigkeit zu zwingen, dann werden seine führenden Schichten mit großer Regelmäßigkeit von der Vorstellung gepackt, es sei für ihre Sicherheit nötig, militärisch stärker zu sein als irgendein anderer Staat in ihrer Reichweite. Die Figuration, die sie mit anderen Staaten bilden, übt auf jeder Stufe eines solchen Ausscheidungskampfes immer von neuem einen starken Druck auf sie aus, jeden nur möglichen gleichwertigen Gegner in die Schranken zu fordern und durch dessen Besiegung oder Zerstörung die Sicherheit des eigenen Staates zu gewährleisten. Das führt dann eben auch zu ihrer Hegemonialstellung im Verhältnis zu den jeweils sichtbaren und erreichbaren Staaten und Stämmen und zu deren erzwungener Einigung in der Form von größeren und immer größeren Staatsgebilden.

Aber die Erde ist zu groß, und die Menschheit besteht aus einer zu großen Fülle verschiedenartiger Stämme und Staaten. Jedes bisherige Bemühen eines Volkes, durch die Hegemonie über alle nur möglichen Rivalen absolute Sicherheit für das eigene Volk zu gewinnen, scheiterte letzten Endes daran, daß hinter jeder Grenze, die ein erfolgreicher Hegemonialstaat erreicht hatte – durch Niederkämpfung des jeweils letzten Gegners, der die eigene Sicherheit möglicherweise gefährden konnte –, immer wieder neue, bisher noch nicht besiegte Menschengruppen auftauchten, die dann in der Vorstellung des erobernden Volkes eine mögliche Gefährdung der eigenen Grenzen und so der eigenen Sicherheit bedeuteten. Das Schicksal des wachsenden Römerreichs zeigt den illusionären Charakter selbst der erfolgreichsten Abfolge von Ausscheidungskämpfen mit möglichen Konkurrenten sehr deutlich. Natürlich wurden die Römer durch die lange Reihe meistens erfolgreicher Kriege, durch Kriegsbeute, Sklaven, Tribute oder Steuern von niedergeworfenen und dann schließlich ins Römerreich integrierten Völkern, unvorstellbar reich. Aber was die Sicherheit ihres Staates angeht, so fanden sie, was auch in neuerer Zeit jedes vom Hegemonialfieber gepackte Volk gefunden hat. Sie fanden, daß hinter jeder Grenze, die sie um der Sicherheit ihres Staates willen durch Niederringen eines sie möglicherweise gefährdenden Volkes erreicht hatten, Völker lebten, die noch unabhängig waren und die immer von neuem eine kriegerische Gefährdung der eigenen Sicherheit darstellten, solange es nicht gelang, mit ihnen, die ja vielleicht auch ganz gern in Frieden leben wollten, zu einer nicht-kriegerischen Verständigung über nachbarliche Beziehungen zu gelangen.

Eines der anschaulichsten Beispiele für diesen Druck des Konkurrenzkampfes zwischen menschlichen Überlebenseinheiten zur grenzenlosen Ausdehnung des eigenen Herrschaftsbereichs und so zur Bildung immer größerer Herrschaftseinheiten unter der Führung eines erobernden Hegemonialvolkes ist das Schicksal Alexanders des Großen.

Die Ausscheidungskämpfe der griechischen Stadtstaaten miteinander waren trotz der gemeinsamen Gefahr der Eroberung durch die Perserkönige unentschieden geblieben. Alexanders Vater, Philipp von Makedonien, und dann Alexander selbst zwangen, teils durch Überredung, teils mit Hilfe ihrer überlegenen militärischen Macht, die in ihrem Nationalcharakter und ihrer Tradition recht verschiedenen griechischen Staaten zur Unterwerfung unter die makedonische Vorherrschaft und so zur Einigung. Die geeinten Griechenheere unter makedonischer Führung wandten sich dann gegen diejenige Macht, die nun tatsächlich seit Jahrhunderten die griechischen Stadtstaaten wie das makedonische Königreich und dessen thessalische und thrakische Nachbarn in ihrer Sicherheit und Unabhängigkeit bedroht hatte. Unter Führung Alexanders brachen die Griechenheere in das Herrschaftsgebiet der Perserkönige ein, gleichsam in Revanche für die ständige Bedrohung und die gelegentlichen Einbrüche in das Gebiet der griechisch sprechenden Völker durch die Perser.

Aber als Alexander den Perserkönig endgültig geschlagen hatte, begnügte er sich nicht damit, die Gefährdung der Griechen durch die Zerstörung des Perserreichs und die Errichtung eines geeinten griechisch-persischen Imperiums endgültig beseitigt zu haben. Er fand an den asiatischen Grenzen des Perserreichs Völker, die noch nicht seiner Herrschaft unterworfen waren und die daher eine Gefährdung seiner neu gewonnenen Grenzen darstellten. Als er auch diese Völker besiegt und so die Grenzen seines Reiches weiter in das unbekannte Asien vorgeschoben hatte, fand er neue Völker hinter den neuen Grenzen, die die Sicherheit seines Reiches gefährden konnten. Und als er auch diese besiegt hatte, wiederholte sich der Vorgang. Er erwartete offenbar, bei seinem Vorstoß irgendwo ans Ende der Erde oder, wenn nicht das, jedenfalls ans Ende des von Menschen bewohnten Festlandes, an das die feste Erde umgebende Weltmeer zu gelangen und so in der Tat seinem Reich eine absolut sichere Grenze zu geben. Als er, getrieben von diesem Hegemonialfieber – und offenbar auch von einer höchst persönlichen, quasi-wissenschaftlichen Neugierde über diese weite, unbekannte Welt –, bis nach Indien gelangt war, widersetzten sich die getreuen Veteranen der fortdauernden Ausdehnung seines Eroberungsfeldzuges. Das erträumte Weltmeer war nicht in Sicht, die absolut sichere Grenze unerreichbar. Sie hatten genug. Alexander war gezwungen, nach Sicherung der so weit vorgeschobenen Grenzen umzukehren und sich mit dem Bemühen um eine festere Organisation des Riesenreichs, das er in einer Serie erfolgreicher Eroberungen zusammengebracht hatte, zu begnügen.

Man erinnert sich in diesem Zusammenhang an das Schicksal Alexanders wie an eine Parabel. In dem Verlangen, die Grenze der Erde und so die absolut sichere Grenze seines Reiches zu finden, hatte Alexander ein

Herrschaftsgebiet zusammengebracht, das aller Wahrscheinlichkeit nach bei dem damaligen Stande des Wissens viel zu ausgedehnt und von zuviel verschiedenen Völkern besiedelt war, als daß es effektiv von einem einzelnen Zentrum aus in Frieden hätte regiert und auf die Dauer vor Einbrüchen von außen hätte geschützt werden können. Es gibt einen recht genauen Zusammenhang zwischen der Größe des eroberten Territoriums und der Bevölkerung eines von einem einzelnen Zentrum her regierbaren Staates und dem jeweiligen Stand der Wissensentwicklung, von dem unter anderem der Stand der Kommunikations- und Transportmittel-, der physischen Technik im allgemeinen, aber auch der der Verwaltungstechnik und die Produktivität der Landwirtschaft abhängen. Auch die Größe und die Machtquellen des erobernden Kernvolkes spielen dabei eine Rolle. Mag sein, daß die Desintegration des Alexanderreichs sich verzögert hätte, wenn Alexander länger gelebt hätte. Es ist unwahrscheinlich, daß sie aufzuhalten war.

Ähnliches gilt, mutatis mutandis, von dem Römerreich. Die Eroberung dieses Reiches vollzog sich viel langsamer als die des Alexanderreiches, und langsamer auch der Zerfall. Aber die Struktur der Entwicklung des Römerreiches war in bestimmter Hinsicht die gleiche. Zunächst begegneten auch die Römer auf jeder Stufe einer Konkurrenzmacht, die den Bestand ihres jeweiligen Besitzes bedrohte. Schließlich gelangten auch sie im Hegemonialrausch dazu, jede noch unabhängige Gruppe auf der anderen Seite der jeweils erreichten Grenzen als Gefahr für ihren Besitzstand zu betrachten, die durch einen Feldzug und durch eine Eroberung beseitigt werden mußte. Die unabhängigen keltischen Stämme in Gallien stellten eine

Bedrohung des bis dahin erworbenen römischen Staatsgebiets auf der italienischen Halbinsel dar. Also mußte ganz Gallien erobert und unter römische Herrschaft gebracht werden. Keltische Stämme in Britannien leisteten den gallischen Stämmen Hilfe bei ihrem Widerstand gegen Rom. Also mußte Britannien erobert werden. Auf den britischen Inseln fand man sich dann vor der Aufgabe, den römischen Besitzstand gegen die wilden Stämme des Nordens zu schützen. Bis zur Zeit Kaiser Trajans setzte sich die Ausdehnung des Reiches unter dem Stimulus der ständigen Bedrohung fort. Er sicherte die östliche Donau als Reichsgrenze, trieb wohl auch aufsässige Stämme im Norden der Balkanhalbinsel über die Donau zurück. Aber schon unter Mark Aurel überquerten die Markomannen und andere Stämme die Donau, brachen tief ins Reichsgebiet ein und konnten nur unter großer Mühe zurückgedrängt werden. In der Nachfolge Alexanders suchte Trajan die Bedrohung des Reiches durch die Nachfolger der Perser, durch die Parther, einzudämmen und erlitt dabei eine verheerende Niederlage.

Schrittweise, wie die Römer ihr Riesenreich zusammengebracht hatten, zerfiel es auch wieder. Schon der Kaiser Diokletian erkannte, daß das damalige Reich zu groß war, um von einem einzigen Zentrum aus effektiv verwaltet, pazifiziert und vor äußeren Feinden geschützt werden zu können. Schon er überließ Rom, das er selten betrat, als Hauptstadt des westlichen Reiches einem Nebenkaiser und beschränkte sich selbst, soweit es machbar war, auf die Regierung der östlichen Reichsteile. Konstantin verlegte dann ganz offiziell die kaiserliche Hauptstadt nach Byzanz, dessen Lage am Bosporus, im Verein mit den nötigen Festungsbauten, der Hauptstadt des

Reiches nun einen Grad von Sicherheit gegen äußere Feinde gewährte, der im alten Rom selbst mit den besten Festungsbauten nicht zu finden war.

Rom ist ein Beispiel aus der Antike für einen Staat, dessen führende Gruppen – erst hauptsächlich in dem Verlangen nach physischer Sicherheit und Integrität, dann mehr und mehr auch aus einem Gefühl der Überlegenheit und Unbesiegbarkeit heraus – auf immer neuen Stufen zu Kämpfen mit möglicherweise bedrohlichen Konkurrenzstaaten gedrängt werden oder je nachdem auch mit Stämmen, die als gefährlich erscheinen. Sie treiben von Krieg zu Krieg, von einer Eroberung zur anderen, bis ihnen entweder eine Niederlage Halt gebietet oder bis eine weitere Ausdehnung ihres Herrschaftsbereiches ihre militärischen und ökonomischen Machtmittel zu überspannen droht und vielleicht die Kontrolle des bisherigen Herrschaftsbereiches gefährdet. Rom brauchte für den Aufstieg vom kleinen Stadtstaat zum Mittelpunkt eines Weltreiches, des größten der Antike, eine gut fünfhundertjährige Serie von Ausscheidungskämpfen. Die Niederlage im Teutoburger Wald verhinderte die Ausdehnung des Römerreichs zur Elbe und besiegelte dessen Beschränkung auf die Rhein-Donau-Grenze. Es ist schwer zu sagen, wie die Sache ausgegangen wäre, wenn es den Römern gelungen wäre, auch die Territorien nördlich der Donau bis zur Ostsee und zur Elbe unter ihre Kontrolle zu bringen.

Es gibt viele spätere Beispiele für Hegemonialkämpfe dieser Art. Da gab es zum Beispiel den Vormachtkampf zwischen Schweden und Rußland oder den zwischen Habsburgern und Bourbonen in einer Zeit, in der die nördlicheren und die südlicheren Staatengruppen Europas, entsprechend dem Stand der Waffen-, der Transportmittel- und der gesamten organisatorischen Technik, noch zwei relativ unabhängige Macht- und Konkurrenzhierarchien bildeten. In der Zeit des Dreißigjährigen Krieges begannen die beiden Staatenhierarchien zu verschmelzen, und das deutsche Reich wurde zum Kriegsschauplatz für beide. Frankreich erreichte die erste Stufe des Aufstiegs zur militärisch stärksten Macht und so zu einer Vormachtstellung unter den Staaten des europäischen Festlands. Napoleon machte dann mit Hilfe seiner Revolutionsheere den endgültigen Versuch, Europa unter französischer Vorherrschaft zu einigen. Der Versuch scheiterte nicht zuletzt an einer sehr konsistenten Politik Großbritanniens gegenüber allen Einigungsversuchen der Staaten des europäischen Festlandes.

England nahm ja in diesem schrecklichen Spiel der europäischen Hegemonialkämpfe eine besondere Stellung ein. Die Engländer auf ihrer Insel suchten nie die Vormacht über Europa, und sie waren auch nicht in der Lage, sie zu gewinnen. Statt dessen verfolgten sie die berühmte Machtbalancenpolitik, die sich englischen Staatsmännern erst von Fall zu Fall aufdrängte und die sich dann schließlich zu einer Art von theoretischem Prinzip auswuchs. England betrachtete es als ein vitales Interesse, durch diplomatische und, wenn nötig, militärische Mittel zu verhindern, daß eine einzelne Festlandmacht die Hegemonie über alle anderen Festlandstaaten gewann. Es verbündete sich daher immer von neuem mit der jeweils zweitstärksten Festlandmacht, um den jeweils stärksten Hegemonie-Aspiranten am Sieg über die Mehrheit der anderen Festlandstaaten und damit auch an deren gewaltsamer Einigung zu hindern. Und auf diese

Weise, um es von der anderen Seite her zu sagen, kam es nie zu einer Einigung von Europa. Das war einer der gewichtigsten Gründe dafür, daß Europa nicht durch Zwang, nicht unter der Hegemonie Frankreichs oder später Deutschlands geeint wurde.

5

Die Einzelheiten der weiteren europäischen Hegemonialkämpfe sind bekannt genug. Aber die Struktur dieser Hegemonialkämpfe, ihre spezifische Eigendynamik, ihre variable Zwangsläufigkeit wird, wie mir scheint, gegenwärtig nicht immer mit derjenigen gedanklichen Präzision herausgearbeitet, die zum Verständnis solcher Vorgänge in der Vergangenheit wie in der Gegenwart nützlich ist.

Unter Bismarcks Führung gewann das Königreich Preußen in einem Ausscheidungskampf mit der österreichischen Monarchie die Vormachtstellung innerhalb des politisch zerspaltenen deutschen Reichs. Die Habsburger, ehemals die Kaiser des deutschen Großreiches, schieden mit ihrer gesamten Hausmacht aus dem deutschen Staatenbund aus. In dem so verkleinerten deutschen Reich rückte Preußen, die stärkste Militärmacht des Reiches, immer unzweideutiger zu einer Hegemonialstellung auf.

Entsprechend der immanenten Dynamik zwischenstaatlicher Ausscheidungskämpfe öffnete sich damit dem deutschen Reich unter Führung Preußens die Chance eines Konkurrenzkampfes mit der stärksten Militärmacht

Kontinentaleuropas, mit Frankreich. Die historischen Einzelheiten sind hier unwichtig. Es genügt, die Konsistenz der Entwicklungsdynamik zwischenstaatlicher Beziehungen aufzuzeigen. Es entsprach ganz der bisherigen Tradition, daß der unter Preußens Führung militärisch wie wirtschaftlich erstarkte deutsche Staatenbund nicht gleichsam von innen her auf eine erhöhte Vereinheitlichung und Integration der deutschen Staaten hinzuarbeiten begann, sondern zunächst einmal das Kaiserreich Frankreich in die Schranken rief. Frankreichs Bemühen um die Hegemonialstellung in Europa war zwar durch den Sieg Englands und der vereinten absoluten Fürsten des europäischen Festlands über die Revolutionsarmeen Napoleons gescheitert. Aber nun herrschte von neuem ein Napoleon als Kaiser über die Franzosen, als lebendiges Symbol der traditionellen Vormachtstellung Frankreichs auf dem europäischen Festland. Die Staatsmänner des englischen Reiches, das innerhalb und außerhalb Europas seit Jahrhunderten in einen Konkurrenzkampf mit der stärksten Kontinentalmacht, mit seinem Erbfeinde Frankreich, verwickelt war, hatten den Aufstieg Preußens gewöhnlich mit Wohlwollen betrachtet. Wie immer sympathisierten sie mit der zweitstärksten Macht des Kontinents. Sie war ihnen als Gegengewicht gegen den Vormachtanspruch Frankreichs willkommen. Aber aus dem Kriege von 1870/71 ging Deutschland als Kaiserreich geeint und gestärkt, Frankreich dagegen geschwächt hervor. Damit veränderte sich die Machtbalance Europas.

Es ist ein wenig erschreckend zu sehen, mit welcher Präzision die Staatsmänner diejenigen Schachzüge machen, die ihnen durch einen solchen Strukturwandel der zwischenstaatlichen Beziehungen nahegelegt werden. Es genügte den deutschen Führungsschichten nicht, endlich die staatliche Einigung und die Gleichstellung mit den älteren europäischen Großstaaten erreicht zu haben, im Verein mit einer beschleunigten wirtschaftlichen Weiterentwicklung. Erstaunlich schnell, im Verlaufe von weniger als dreißig Jahren, entwickelte sich, auch in weiten Schichten des deutschen Adels und des deutschen Bürgertums – und nicht zuletzt aufgrund der noch stark autokratischen Führung eines neuen deutschen Kaisers –, aus dem nun erfüllten Verlangen nach Gleichstellung mit den anderen europäischen Großmächten das Verlangen nach einer Vormachtstellung unter den Staaten Europas. »Deutschland an die Spitze!« »Die Sicherheit Deutschlands erfordert das stärkste Heer und vor allem auch eine Flotte, die ebenso stark und, wenn möglich, stärker ist als die englische.« Ich kann hier nicht im einzelnen der sozialen Dynamik nachgehen, die Staaten immer von neuem aus dem Verlangen nach Freiheit von der Vormacht anderer Staaten und nach Gleichheit mit ihnen in das Verlangen hineintreibt, stärker zu sein als alle anderen, die Vorherrschaft über sie zu erringen – kurzum, in einen Hegemonialkampf, der früher oder später immer wieder mit kriegerischer Gewalttätigkeit ausgefochten werden muß. Aber die Regelmäßigkeit, ich wiederhole es, mit der sich Staaten und vielleicht schon vorstaatliche Überlebenseinheiten, wenn sie nur irgendwie mithalten können, in hegemoniale Ausscheidungskämpfe verwikkeln, ist, wenn man sie über Jahrtausende hin beobachtet, gerade in diesen Tagen ein wenig furchterregend.

Im Falle Deutschlands kam hinzu, daß viele seiner Bürger unter der Viel- und Kleinstaaterei und der oft erniedrigenden Schwäche Deutschlands innerhalb der europäischen Staatengruppe gelitten hatten. Das Nationalgefühl, vielleicht überhöht im Schatten vergangener Größe, war lange Zeit hindurch verletzt und wund gewesen. Recht bald nach der Einigung des Reiches, sicherlich schon in den letzten Jahrzehnten des 19. Jahrhunderts, begann es ins Gegenteil umzuschlagen. Das Pendel schlug nach der anderen Seite aus. An die Stelle des erniedrigten trat nun vielfach ein die Wirklichkeit weit übersteigendes Nationalbewußtsein. Die Überhöhung des nationalen Selbstwertes in der Kaiserzeit ging noch nicht so weit wie der Mythos von der Herrenrasse in der Hitlerzeit. Aber die Selbstberauschung am Bild der eigenen Größe, der man in der Kaiserzeit, also vor dem Ersten Weltkrieg, in Deutschland begegnete, war gewiß eine Vorform der maßloseren Selbstberauschung in der Zeit vor dem Zweiten Weltkrieg. Wie die letztere, wenn auch noch nicht im gleichen Ausmaß, ging die Steigerung des Nationalgefühls in der Kaiserzeit mit einer merklichen Verstärkung des Antisemitismus Hand in Hand. Das noch ungefestigte und gerade deswegen die Wirklichkeit weit überhöhende Bild von dem Wert der eigenen Nation, und so seiner selbst, fand seine Bestätigung in einem Gegenbild, im Bild der sichtbarsten Minderheitengruppe des Kaiserreiches, der Juden, deren uneingeschränkte Schlechtigkeit und Minderwertigkeit die eigene Größe und Hochwertigkeit erst recht ins Licht setzte.

Auch die Periode vor dem Ersten Weltkrieg war eine Periode des Wettrüstens. Auch in diesem Falle verwickelten sich die führenden Mächte gegenseitig in ein Wettrüsten, das die Gefahr einer kriegerischen Auseinandersetzung näher und näher brachte. Die Engländer hatten nach der Errichtung des Kaiserreiches schnell genug begriffen, daß nun nicht mehr ihr traditioneller Erbfeind Frankreich, sondern das deutsche Kaiserreich die stärkste Militärmacht auf dem Kontinent bildete; und die Worte des Kaisers, die Stimme der Alldeutschen und vieler anderer nationaler Gruppen zeigten sehr deutlich, daß man auf eine Vormachtstellung Deutschlands in Europa Anspruch erhob. Wiederum ganz entsprechend der Dynamik zwischenstaatlicher Figurationen führte der scharf einsetzende Hegemonialrausch Deutschlands zu einer Annäherung und schließlich zu einem Bündnis zwischen England und Frankreich. England beanspruchte die Hegemonie auf dem Meere, und seine Staatsmänner ließen niemand im Zweifel darüber, daß jede Bedrohung ihrer maritimen Hegemonie zum Kriege führen würde. Der deutsche Kaiser jedoch, im Verein mit Admiral Tirpitz, verwandte einen guten Teil seiner nicht unbeträchtlichen Energie darauf, das militärische Potential der deutschen Kriegsflotte dem der englischen anzugleichen. Führungsgruppen, im Vormachtrausch mit Blindheit geschlagen! Realistisch betrachtet war es sicherlich unweise, sich England zum Feinde zu machen. In der Tat, man kann vielleicht sagen, das war der Anfang vom Ende des deutschen Kaiserreichs.

Wenn man heute auf diese Zeit vor dem Ersten Weltkrieg zurückblickt, dann gewinnt man ein besonders eindrucksvolles Bild davon, wie schwierig es für Regierende und Regierte, die eingehüllt in den wärmenden Mantel ihres nationalen Mythos dem Kriege zutreiben, nicht nur damals war, sondern ganz gewöhnlich ist, sich ein einigermaßen wirklichkeitsgerechtes Bild von dem möglichen Kriegsverlauf, von den eigenen Siegeschancen zu machen. Sie sind vor allem kaum imstande sich vorzustellen, wie ihr eigenes Land und die Menschheit insgesamt nach dem Kriege aussehen werden. Tatsächlich hat es den Anschein, als ob in der Vorkriegszeit vor 1914 der nationale Mythos und der Vormachtrausch, den er auslöste – man könnte in Anlehnung an den bekannten Ausdruck »der amerikanische Traum« auch sagen: »der deutsche Traum« –, den Realitätssinn der damaligen militärischen und politischen Leiter des deutschen Schicksals, aber vielfach auch den der englischen, französischen und russischen Führungsschichten, aufs schwerste lädiert hätten. Auch im Vorfeld des Zweiten Weltkrieges begegnet man wieder bei Menschen in Führungspositionen, bei Hitler, bei Chamberlain, bei Petain und selbst bei Stalin, solchen Ausfällen des Wirklichkeitssinnes, dessen Störung durch Wunschträume. Die führenden Schichten des kaiserlichen Deutschland machten sich offenbar keine klare Vorstellung davon, was der mögliche – und beim Vordringen der Deutschen wahrscheinliche – Eintritt der Vereinigten Staaten in den Krieg für dessen Verlauf bedeuten könne. Sie machten sich, soziologisch ungeschult, gewiß keine Vorstellung von den möglichen, vielleicht wahrscheinlichen gesellschaftlichen Folgeerscheinungen eines Krieges.

Bismarck hatte eine gewisse Vorstellung davon, daß die deutsche Außenpolitik einer besonderen Vorsicht bedürfe, damit Deutschland als »Land der Mitte« nicht in einen Krieg an zwei Fronten, also im Osten und Westen zugleich, verwickelt werde. Er hatte sogar Verständnis dafür, daß Amerikas sprachliche und geschichtliche Verbundenheit mit England, und so auch sein mögliches

Eingreifen in einen Krieg an der Seite Englands, einen entscheidenden Einfluß auf die Machtverhältnisse in Europa ausüben könne.

Wilhelm II. und seinen Ratgebern fehlte offenbar dieser Realitätssinn. Es ist merkwürdig, so etwas von dem Vertreter eines alten Adelsgeschlechts zu sagen – aber dieser Kaiser hatte etwas von einem Emporkömmling an sich, ähnlich wie Hitler, der das ja in der Tat auch war. Der Kaiser paßte in eine Zeit, in der das Altgold, die solide Patina des alten Kulturvolkes, vielfach überlagert wurde durch den Aufstieg des neuen Reichtums im Gefolge der raschen Industrialisierung und Modernisierung. Gegenüber dem alten Kaiser, dem Großvater, der noch ganz der einfacheren militärischen Tradition des preußischen Adels verhaftet blieb, verkörperte der Enkel die neue Aufsteigermentalität, die weithin im Lande Vertreter fand. Die damals neuen deutschen Menschen waren laut, großmündig, schneidig und rücksichtslos.

6

Sie waren nicht allein. In England gab es analoge Tendenzen. Aber man nannte das dort mit einem etwas verächtlichen Wort *jingoism:*

»We don't want to fight;
but, by Jingo, if we do!«

Großbritannien hatte eine weit ungebrochenere Staatsentwicklung als Deutschland. Die Briten hatten damals ihren Platz an der Sonne und waren ihres eigenen Wertes sehr sicher. In Frankreich fanden sich recht aktive Gruppen, die eine Revanche für die Niederlage von 1871 befürworteten. Es gab intelligente Royalisten, die für die Wiederherstellung der Größe Frankreichs durch die Anknüpfung an die alte, glorreiche französische Königstradition plädierten.

Das deutsche Hegemonialfieber hatte eine eigentümliche Note, unter anderem vielleicht, weil es für Deutsche etwas Neues war. Das machte den Vormarsch Deutschlands über die Gleichstellung mit den anderen europäischen Großmächten hinaus zu einer Vormachtstellung unter ihnen besonders berauschend. Wie dann, als der zu erwartende Krieg im August 1914 schließlich kam, viele Tausende junger Menschen voller Begeisterung ins Feld zogen, ist bekannt genug. Aber die Militärs auf beiden Seiten hatten sich verrechnet. Sie hatten bekanntlich auf einen kurzen Krieg mit geballter Heeresmacht spekuliert, der in einem raschen, überwältigenden Sieg enden würde. Das Bild des Krieges, das man im großen und ganzen vor Augen hatte, war das des Krieges von 1870/71. Aus dem Aufprall der beiden feindlichen Heeresmassen ging dann das Martyrium des erschöpfenden Schützengrabenkrieges hervor. Das Gefühl, daß Deutschland zum Siege bestimmt sei, verlor sich jedoch nicht sogleich. »Wir werden siegen, weil wir siegen müssen«, sagte man sich.

Es ist nicht ganz unnütz, sich der Gewißheit gebenden Scheinsicherheit eines solchen Gesellschaftsmythos zu erinnern. Wenn man die absolute Siegesgewißheit weiter Teile des deutschen Volkes, und vor allem der adligen und bürgerlichen Führungsschichten, im Jahre 1914 und wohl auch noch 1915 nicht vor Augen hat, kann man die Reaktion dieser Schichten auf die Niederlage von 1918 nicht verstehen. Diejenigen Gruppen des Bürgertums und des Adels, die in besonderem Maße von dem Hegemonialrausch ergriffen waren und die selbst, als die Niederlage schon näher kam, immer noch die Annexion wirtschaftlich und strategisch wichtiger Gebiete Belgiens, vielleicht gar Frankreichs verlangten, hatten wohl nie auch nur die Möglichkeit einer Niederlage ins Auge gefaßt. Der Mythos von der natürlichen Bestimmung Deutschlands zur Größe hatte in vielen Gemütern Wurzel geschlagen. Die Niederlage, als sie dann kam, war unfaßbar. Man leugnete sie. Es war eigentlich keine Niederlage. Deutschland war verraten worden. Ein Dolchstoß in den Rücken, vor allem von seiten der Arbeiterschaft (und vielleicht auch der Juden), hatte es den Frontsoldaten unmöglich gemacht, den Durchbruch der Feinde zu verhindern. Die Festigkeit der Überzeugung, mit der viele Menschen damals an die Dolchstoßlegende glaubten, um sich zu täuschen, um nur den Hegemonialrausch, der dahinterstand, zu verbergen, möchte man heutigen Generationen wünschen miterlebt zu haben, damit sie sähen, wie ein solcher Rausch auch in Deutschland Menschen erfassen konnte.

Ich habe in anderem Zusammenhang davon gesprochen, daß die Mythen zwar aus dem Wissen von der Natur weitgehend verschwunden sind, daß aber das Wissen von den sozialen Geschehnissen noch weitgehend mit Mythen durchsetzt ist. Die berühmte Dolchstoßlegende ist ein Beispiel für die Rolle und Funktion von Mythen im Gesellschaftsleben der Menschen. Die Legende mag bewußt von Menschen in Umlauf gesetzt worden sein, weil die Vorstellung einer Niederlage für sie unerträglich war. Die dadurch bewirkte Verdeckung der Realität aber, ob sie nun mit propagandistischer Schläue von interessierten Kreisen in Umlauf gesetzt worden ist oder nicht, entsprach einer Gefühlslage, die in weiten Kreisen des deutschen Adels und des deutschen Bürgertums als bestimmender Antrieb des politischen Handelns bereits vorhanden war. Diese Gefühlslage erklärt die Bereitschaft zum Glauben an den Dolchstoß; sie erklärt die Empfänglichkeit für die umfassenderen sozialen Mythen, deren Vorspann die Dolchstoßlegende war.

In engster Verbindung mit dem Vormachtrausch, der in einer bestimmten Situation weite Kreise eines Volkes erfassen kann, stehen gewöhnlich kollektive Phantasien, die besagen, daß das eigene Volk, also man selbst, zur Größe – und das heißt gewöhnlich, zur Herrschaft über alle anderen Völker in Reichweite –, sei es von der göttlichen Ordnung, sei es von Geschichte oder Natur berufen sei. Der kriegerische Kampf um die Hegemonie über andere Völker findet eine Legitimierung in dem Glauben an die eigene Mission unter den Völkern. Dieser Glaube an die eigene Mission als Rechtfertigung des Eroberungskrieges hatte in früheren Zeiten gewöhnlich religiösen Charakter. Der Hegemonialrausch der Araber fand seinen Ausdruck in dem Glauben an die Mission der arabischen Stämme, für die Ausbreitung der Lehre Mohammeds zu kämpfen; der der Kreuzfahrer in dem Glauben an die Mission, für die Ausbreitung der Lehre Christi zu kämpfen und insbesondere auch für die Befreiung seines Stammlandes von der Herrschaft der Ungläubigen. In späterer Zeit rechtfertigten Franzosen und Engländer die Ausbreitung ihrer Vormacht über Völker anderer Kontinente durch ihre Sendung als Vertreter der Zivilisation. Und ähnliche missionarische Tendenzen spielen auch heute wieder bei dem Hegemonialkampf zwischen Rußland und Amerika eine Rolle.

Es gehört zu den Eigentümlichkeiten des späten deutschen Anspruchs auf Hegemonie, daß er, soweit sich sehen läßt, für das Empfinden seiner Träger keiner Rechtfertigung durch eine objektivierende Mission, durch eine unpersönliche Aufgabe bedurfte. Die Bekehrung zum Islam setzte dem blutigen Gemetzel der arabischen Eroberungszüge eine Grenze. Napoleons Kampf um die Einigung Europas unter der Vorherrschaft Frankreichs verband sich ursprünglich mit einem Kampf für die Ideale der französischen Revolution, später mit dem Kampf gegen den älteren, unaufgeklärten und für den aufgeklärten Absolutismus, wie er etwa im *Code Napoléon* seinen Ausdruck fand. Deutschlands Kampf um eine Hegemonialstellung unter den europäischen Staaten nach 1870 wurde, soweit ich sehen kann, in höherem Maße als der Napoleons von seinen Trägern ohne die Vorstellung einer objektivierenden Mission ganz direkt als ein Kampf um die Macht verstanden. Das hing vielleicht damit zusammen, daß Deutsche in den Jahrhunderten ihrer politischen und militärischen Ohnmacht, und besonders auch im Dreißigjährigen Krieg, in höherem Maße als viele andere europäische Völker die Auswirkungen der stärkeren Macht anderer Staaten zu spüren bekommen hatten. Aber es führte zu einer Einstellung, die vielen Deutschen das Streben nach Macht mit allen Mitteln als gerechtfertigt erscheinen ließ.

Ich erinnere mich schon aus der Zeit vor 1914 solcher Aussprüche wie: »Das Gerede von Humanität ist ja alles

Quatsch. In der Außenpolitik geht es den Staaten und in der Innenpolitik den Klassen und Parteien ganz einfach um die Macht.« Diese Nacktheit des Strebens nach Macht mit allen Mitteln schuf eine gewisse Blindheit dafür, daß dem unbezweifelbaren Primat des Machtstrebens in der Politik bei den älteren und, wenn man so sagen darf, national gesättigteren Staaten durch eine mehr oder weniger feste nationale Gewissensbildung bestimmte Grenzen gesetzt waren. Schon in der Zeit Kaiser Wilhelms II. und dann in weit robusterer Form in der Zeit der Weimarer Republik wurde in den Kreisen, die sich selbst die »nationalen Kreise« nannten, die Vorstellung verworfen, daß es zivilisatorische Schranken, Gewissensgrenzen des Machtstrebens im nationalen Interesse geben könne. Als Zeugnis der Mentalität dieser Kaiserzeit bleibt uns der Ausdruck »Humanitätsduselei« noch in Erinnerung. Es bedurfte keiner Legitimierung – Deutschland wollte ganz einfach, wie man sagte, seinen »Platz an der Sonne«. Der nationalsozialistische Mythos baute diese schon unter dem letzten Kaiser in »nationalen« Kreisen weit verbreitete Grundhaltung zu einem Glaubenssystem aus, das entsprechend der demokratischeren Struktur der Weimarer Republik in weiteren Volkskreisen Resonanz finden konnte.

Es mag sein, daß man dem eigentümlichen Bruch in der bürgerlichen Tradition Deutschlands, der nach 1870 zutage trat, nicht ganz die Beachtung geschenkt hat, die er verdient. In der Periode des vorrevolutionären Absolutismus hatten führende Männer des deutschen Bürgertums eine kulturelle Tradition geschaffen, in der humanitäre Ideale eine zentrale Rolle spielten. Im Kaiserreich, und besonders unter dem dritten und letzten Kaiser, traten die Exponenten dieser Tradition, die es ganz gewiß auch weiterhin gab, innerhalb des Bürgertums allmählich an den Rand, und in den Vordergrund rückte mehr und mehr – vielleicht unter dem Zwang, die Größe Deutschlands und, wenn möglich, dessen Vormacht unter den Völkern Europas zu sichern – ein antihumanitärer Nationalismus ohne Gewissensschranken.

7

Von dem Schock der Niederlage von 1918 habe ich schon gesprochen. Viele Deutsche, besonders auch jüngere Offiziere und Studenten, erlebten die Kapitulation ähnlich wie ein Läufer, der in vollem Lauf plötzlich gegen eine harte Wand anrennt. Sie waren dessen ganz gewiß gewesen, daß Deutschland zur Größe prädestiniert sei. Dieser Glaube hatte für viele Deutsche die gleiche Gewißheit, wie sie für andere ein religiöser Glaube hat. Sie hatten bis zuallerletzt nicht an dem schließlichen Siege Deutschlands gezweifelt. Plötzlich war alles aus. In dieser Situation war die Vorstellung, daß nur ein Verrat, ein Dolchstoß von hinten die Niederlage Deutschlands erklären könne, erlösend. So gewappnet konnte man sich wieder daran machen, Deutschland seiner geschichtlichen Bestimmung, seiner Größe als natürliche Vormacht Europas entgegenzuführen. Die Aufgabe war in ihren Umrissen vielen Offizieren, Akademikern, Industriellen usw. von dem Tage des Versailler Friedensschlusses an recht klar. Es galt, sich von den Fesseln dieses Vertrages zu befreien, die Wiederaufrüstung zu bewerkstelligen, die durch Verrat herbeigeführte Niederlage Deutschlands durch den unwiderruflichen Sieg wieder wettzumachen und Deutschland so seiner geschichtlichen Bestimmung nahezubringen.

Warum diese Ziele, die in den »nationalen Kreisen«, wie sie sich nannten, schon bald nach dem Friedensschluß feststanden, erst etwa zwölf Jahre später im Zusammenhang mit einer schweren Wirtschaftskrise durch Hitler und Hindenburg ernstlich in Angriff genommen werden konnten, brauche ich hier nicht zu untersuchen. Aber es fehlt weder an dokumentarischen Belegen für das frühe Auftreten dieser Zielsetzung noch an Belegen dafür, daß Hitlers wirkliche Ziele unzweideutig in dieser Richtung lagen. Er war es gewiß zufrieden, soweit sich das tun ließ, auch ohne Krieg für Deutschland die Vormachtstellung in Europa zu gewinnen. Doch es war recht offensichtlich, daß er nicht zögern würde, jedem Staat den Krieg zu erklären, unter Einsatz der wiedererstarkten deutschen Wehrmacht, der sich ihm auf dem Wege zur Großmachtposition Deutschlands entgegenstellen würde. Die Nachrichtendienste der westlichen Alliierten, ebenso wie die Stalins, können keine sehr gute Arbeit geleistet oder kein Gehör gefunden haben. Wie anders kann man es erklären, daß Chamberlain, ebenso wie Stalin, anscheinend wirklich glaubte, man könne Hitler und die Seinen einfach durch Verträge und durch immer erneute Konzessionen daran hindern, mit einem siegreichen Krieg die Niederlage von 1918 wiedergutzumachen?

Wenn man genauer hinsieht, dann entdeckt man auch hier wieder die eigentümliche Blindheit der Menschen, die die Geschicke der Völker lenken. Die vielen Konzessionen, die Hitler gemacht wurden, die Eroberungen, die ihm ohne Kanonenschuß gelangen, hatten offenbar dazu beigetragen, die magische Gewißheit, daß er auch einen Krieg gewinnen würde, zu verstärken. Beim Rückblick erkennt man heute ganz deutlich, welche ungeheure Anspannung des gesamten deutschen Volkes nötig war, um es kriegsbereit und kriegsfähig zu machen. Hitler lebte mehr, als man es vielleicht sah, in einer halbmythischen Welt. Eine ungewöhnliche Begabung, innerstaatliche und zwischenstaatliche Machtverhältnisse realistisch zu sehen, verband sich mit einer magischen, die wirkliche Gefahr oft weit überhöhenden Furcht vor inneren Feinden. Eine höchst effektive und, wie man früher vielleicht gesagt hätte, höchst rationale, höchst realistische Durchorganisierung und Überwachung des gesamten Volkes fand ihre Legitimierung in der magischen Gewißheit, daß dieses Volk von einem unbenannten Schicksal – von Natur? – zum Herrenvolk Europas, wenn nicht der Welt bestimmt sei.

Wie er mit denen verfuhr, die sein Mythos als Feinde brandmarkte, ist bekannt genug. Aber es ist vielleicht nützlich, auf die Verbindung mit der Charaktereigentümlichkeit der Kaiserzeit aufmerksam zu machen, die ich zuvor erwähnte. Ich sprach von dem Großmachtstreben ohne Gewissensschranken und ohne andere Legitimierung als die durch die geschichtliche Bestimmung und den überragenden Wert der eigenen Gruppe selbst. In den Äußerungen der Kaiserzeit findet man immer wieder Hinweise darauf, daß vielen Menschen derjenigen Kreise, die sich als »national« betrachteten, das Deutschsein selbst schon als allerhöchster Wert galt. Der nationalsozialistische Mythos von der deutschen Herrenrasse setzte diese Tradition des Kaiserreiches, in einer mehr zur Popularisierung geeigneten und auch als Argumentiersystem stärker durchgearbeiteten Form, ganz geradlinig fort. Die Menschen germanischer Rasse waren von Natur und Geschichte dazu berufen, die Herrenschicht, eine Art Adel der Menschheit zu bilden. Andere Rassen, vor allem die Juden und die Neger, waren minderwertig und daher von Natur Feinde. Das beste war, sie auszurotten.

Was noch heute bei der Erinnerung viele Menschen in Sorge versetzt, ist die Tatsache, daß hier unter Deutschen ein Mythos auflebte, der dem vorherrschenden Bemühen unseres Zeitalters um größere Gleichheit unter den Menschen der Erde nicht einfach zuwiderlief, sondern der darüber hinaus, unter Hinweis auf die Hochwertigkeit der eigenen Gruppe, die Ungleichheit unter Menschen als einen hohen Wert hinstellte. Die Menschheit hatte sich mühsam zu einem Punkt vorgearbeitet, wo zwar de facto noch riesige Ungleichheiten zwischen verschiedenen Gruppen vorhanden waren, wo aber als Ziel die existentielle Gleichheit und die soziale Gleichstellung aller Menschen weitgehend anerkannt wurde. Hier nun wurde diese Arbeit von Generationen explizit widerrufen.

Was darüber hinaus in der Erinnerung den Nationalsozialismus noch heute so schwer erträglich macht, ist nicht einfach die Brutalität seiner Vertreter. Brutalitäten aller Art sind in unserer Welt gewiß gang und gäbe. Was noch heute erschreckt, ist die Gleichzeitigkeit des minuziösen, quasi-rationalen oder realistischen Aufbaus einer Großorganisation und des Gebrauchs wissenschaftlicher Technologien einerseits mit dem radikalen Abbau und

Zerfall des Gewissens gegenüber dem Leiden und Sterben von Millionen von Männern, Frauen und Kindern andererseits – von Menschen, die keine Gefahr für die herrschende Gruppe darstellten, die keine Waffen besaßen und die, schlimmer als Schlachtvieh, in Abscheu erregender Weise ermordet wurden.

8

Ich würde gerne sagen können, daß alles dies, daß die Schrecken der Hitlerzeit und des Zweiten Weltkrieges nun, nach vierzig Jahren, mehr oder weniger vergessen sind. Aber sie sind nicht vergessen. Die Erinnerung an Hitler und das große Morden ist über die ganze Erde in vielen Menschengruppen als Symbol für etwas sehr Übles noch höchst lebendig, und es besteht wenig Aussicht dafür, daß die Erinnerung an die Herrschaft Hitlers und die vielen Millionen von Menschen, die auf allen Seiten aufgrund seiner Entscheidungen ihr Leben lassen mußten, in der überschaubaren Zukunft aus dem Gedächtnis der Menschheit verschwinden wird. Wir trauern heute um diese Toten – ich ganz besonders um die meinen und andere um die ihren. Sie sind nicht vergessen. Dieser 40. Jahrestag des Friedensschlusses ist ein Tag, an dem wir uns rüsten, alles dafür zu tun, daß man auch nach achtzig Jahren denselben Tag als Festtag in Frieden begehen kann. Aber er ist nicht ein Tag des Vergessens.

Man tut dem deutschen Volk keinen guten Dienst, wenn man vorgibt, daß nun, bei den gemeinsamen Feiern aller beteiligten Völker anläßlich der Wiederkehr des Tages, an dem der Zweite Weltkrieg beendet wurde, auch der Krieg selbst und das große Morden, das mit ihm zusammenhing, vergessen ist. Ich weiß, es gibt eine ganze Reihe Deutscher, die sagen: »Ich will von alledem nichts mehr hören.« Aber das ist der falsche Weg. Hitler und seine Taten verschwinden nicht aus der Erinnerung der Menschheit dadurch, daß man nicht mehr von ihnen spricht. Die starke Tendenz, die Vergangenheit durch Verdrängung zu bewältigen, hat, wie mir scheint, zur Folge, daß man sie nicht bewältigen kann. Die Mehrheit der heute lebenden Deutschen hatte nichts mit Hitler und den Nationalsozialisten zu tun. Aber es ist ein Mißverständnis zu glauben, die Belastung des deutschen Namens durch die Erinnerung an die Hitlerzeit lasse sich dadurch aus dem Wege räumen, daß viele heute lebende Deutsche als Individuen mit den Taten der Nationalsozialisten nicht das geringste zu schaffen hatten. Es verhält sich nun einmal so, daß jeder einzelne Mensch in seinem persönlichen Habitus Eigentümlichkeiten des Habitus seiner Gruppe mit sich trägt, daß das Schicksal jedes einzelnen Menschen durch das Schicksal und durch den Ruf von Gruppen, zu denen sie oder er gehört, mitbestimmt wird.

Ich weiß nur zu gut, in welchem Maße mein persönliches Schicksal dadurch mitbestimmt worden ist, daß ich sowohl Deutscher wie Jude bin. Als Jude mußte ich Deutschland verlassen. Aber als ich erst nach Frankreich und dann nach England ins Exil ging, wurde ich in England nach dem Vordringen der deutschen Heeresgruppen im Westen und dem entsprechenden Anstieg der Invasionsfurcht als Deutscher mit anderen Deutschen interniert. Ich erinnere mich noch sehr deutlich, wie der englische Lagerkommandant uns eines Tages versammelte, in der ausdrücklichen Absicht, uns Freude zu bereiten, und uns dann die seiner Meinung nach für uns erfreuliche Neuigkeit mitteilte, daß die deutschen Truppen Paris eingenommen hätten. Es war nicht möglich, dem Engländer verständlich zu machen, daß das für uns keine beglückende Nachricht sei, da es die Invasionsgefahr erhöhte. Gleichzeitig aber suchten Nationalsozialisten im Internierungslager mit einem freudigen Schimmer im Auge den jüdischen Deutschen zu erklären, was Hitlers Truppen mit ihnen anfangen würden, wenn erst die Invasion Englands gelungen sei. Vielleicht würden sie überhaupt zuerst auf die Isle of Man kommen, auf der sich das Internierungslager befand, um da mal aufzuräumen. Ich kann nur ahnen, was meine Vorväter zu leiden hatten, weil ihre Vorväter angeblich Jahrhunderte früher für die Kreuzigung Christi verantwortlich waren.

Daß das individuelle Schicksal und auch das Ansehen des einzelnen Menschen in hohem Maße durch das Schicksal und das Ansehen von Gruppen mitbestimmt wird – und in unserem Zeitalter ganz besonders durch Schicksal und Ansehen der Staaten, der Nationen, zu denen der Einzelne gehört –, das ist ganz einfach ein Faktum, ein Aspekt der Menschenwelt. Es geht nicht darum, ob man das für gut oder für schlecht hält; es verhält sich so. Dementsprechend empfinde ich oft, wenn christliche Freunde und Bekannte mir ernstlich nachweisen, daß sie persönlich nie etwas mit dem Nationalsozialimus zu tun gehabt hätten, die Vergeblichkeit ihrer Bemühungen. Mein ganzes Mitgefühl öffnet sich ihnen; aber ich weiß auch, daß sie den springenden Punkt verfehlen. Der

Fluch dieser jüngsten deutschen Vergangenheit läßt sich nicht allein durch Hinweise auf die Unschuld oder die Mitschuld einzelner Menschen bewältigen. Es handelt sich um ein Problem des gesellschaftlichen Schicksals der Deutschen und ganz besonders um das ihrer nationalen Identität. Sie ist besudelt worden durch Unmenschlichkeiten. Diese lassen sich nicht ganz leicht aus dem Gedächtnis der Menschheit entfernen. Das ist erschreckend und betrübend. Denn die Zahl der jungen Deutschen, die nun in der Tat nicht das geringste mit Hitler und seinen Heerscharen zu tun hatten, wächst ständig. Und dennoch belastet auch sie die Erinnerung an diese gemeinsame Vergangenheit der Nation.

Lassen Sie mich einen Augenblick haltmachen und sagen, daß ich mich darum bemühe, diese Realität aufzudecken, nicht weil ich Vorwürfe oder Anklagen im Sinne habe. Nichts liegt mir ferner. Ich spreche ein wenig in der Weise eines Arztes. Die Teilhabe des Einzelnen am Schicksal und am Ruf seiner oder ihrer Gruppe ist, wie schon erwähnt, eine Tatsache. Sie gehört zum Schicksal der Menschen; sie ist ein Aspekt der Conditio humana. Nichts ist gefährlicher als die Neigung, einer solchen Realität durch Verdeckung oder Verdrängung aus dem Wege zu gehen. Nur wenn man ihr mit allem Mut und aller Entschlossenheit ins Auge sieht, kann man die Frage stellen: Was ist in einer solchen Lage zu tun? Und das ist in der Tat die entscheidende Frage. Die nationale Identität der Deutschen ist befleckt worden. Die Westdeutschen haben die Möglichkeit, sich offen mit dieser Frage auseinanderzusetzen. Ich glaube nicht, daß die Art, wie die Ostdeutschen das Problem zu bewältigen suchen, gelingen kann. Sie scheinen nach der Maxime zu handeln:

»Unser alter Anzug hat Flecken. Dann lassen wir ihn einfach verschwinden und ziehen einen neuen Anzug an.« Ich bin nicht ganz sicher, ob ich selbst in diesem Zusammenhang viel über die Aufgaben sagen kann, die sich erheben, wenn man die Probleme in der Weise stellt, wie ich es hier zu tun versucht habe. Aber vielleicht ist es nützlich, wenn ich das Problem, um das es geht, noch einmal durch einen Vergleich etwas klarer umreiße.

Es ist ganz gewiß ein tragisches Problem. Der Zufall will es, daß ich vor kurzem wieder einmal Sophokles' Tragödie *Oedipus Rex* gelesen habe. Ein großes Unheil, eine Pest hat das Volk der Thebaner befallen. König Ödipus spricht zu ihnen. Und er spricht mit einer Wärme, mit einer Anteilnahme, die einen vielleicht deswegen besonders berührt, weil sie in den gegenwärtigen Beziehungen zwischen Regierungen und Regierten oft völlig fehlt. »Meine Kinder«, so redet Ödipus die versammelten Thebaner an. Er sagt ihnen, daß er ihre Sorgen teile und daß er alles tun werde, um herauszufinden, warum die Götter den Fluch dieser Seuche über Theben verhängt haben. Allmählich wird dann klar, daß er selbst daran schuld ist. Er selbst hat, ohne es zu wissen, seinen Vater ermordet und seine Mutter geheiratet. Sophokles macht ganz deutlich, daß Ödipus diese ungeheuerlichen Verbrechen in aller Unschuld beging. Er wußte nicht, daß der alte Mann, der ihn herausforderte und den er schließlich tötete, sein Vater war. Er wußte nicht, daß die Frau, die er schließlich heiratete, seine Mutter war. Noch weit schlimmer, die Götter in ihrer unbegreiflichen Willkür hatten Ödipus, als dem Mitglied einer mit einem Fluch beladenen Familie, schon vor seiner Geburt dieses Schicksal auferlegt; sie hatten vorherbestimmt, daß er zum Mörder seines Vaters und zum Gatten seiner Mutter werden müsse. Er war schuldlos schuldig geworden nach dem Ratschluß der Götter als Strafe für ein Vergehen, das seine Vorfahren begangen hatten.

Die Beschmutzung des guten Namens der Deutschen durch die Unmenschlichkeit des Dritten Reiches beruht nicht auf einem Fluch der Götter. Die verschiedenen Völkergruppen der Erde haben mehr oder weniger präzise Kollektivbilder voneinander. Das Kollektivbild der Deutschen in der Erinnerung anderer Völker, und vielleicht in ihrer eigenen Erinnerung, ist durch das Dritte Reich beschmutzt worden. Die Stimmen der Erinnerung an diese Vergangenheit in anderen Ländern sind leiser geworden. Die Bundesrepublik hat viel dazu getan, um das zu ermöglichen. Das ehemals von der Mehrzahl der Deutschen gehaßte und bekämpfte parlamentarische Regime funktioniert recht gut. Das »Wirtschaftswunder« hat viel dazu beigetragen, das Selbstvertrauen der Bundesdeutschen zu stärken. Und auch durch den wirtschaftlichen Aufschwung ist Deutschland für andere Länder ein willkommener Bundesgenosse und Helfer geworden, nicht zuletzt für die weniger entwickelten Länder in Afrika und aller Welt. Aber die Frage, welche nationalen Traditionen und besonders welche Eigentümlichkeiten des deutschen Nationalcharakters die Unmenschlichkeit des Dritten Reiches möglich machten, und die andere Frage, ob sich diese nationale Tradition nicht von neuem durchsetzen kann, sind gewiß nicht verschwunden.

9

Man mißversteht das Problem, um das es hier geht, wenn man es als Problem der kollektiven Schuld hinstellt. Das Problem, auf das ich hinzuweisen suche, ist nicht ein Schuldproblem, sondern ein Tatsachenproblem. Die gegenwärtige deutsche Gesellschaft ist aus der früheren hervorgegangen. Wie in anderen Nationalstaaten, so gibt es auch in Deutschland eine Kontinuität der Verhaltenstradition. Die große Linie dieser Tradition ist erheblich gebrochener als bei den meisten anderen europäischen Nationalstaaten – aus Gründen, auf die ich hier nicht eingehen kann. Infolgedessen ist auch das Gefühl der nationalen Identität, das Bewußtsein des eigenen Wertes der Deutschen, ganz besonders in der Bundesrepublik, schwankender, unsicherer, kurzum problematischer als in den meisten anderen europäischen Staaten. Die Dänen, die Franzosen, die Engländer haben trotz der Macht- und Statusverluste, die alle europäischen Länder erlitten haben, gegenwärtig noch keine sehr großen Schwierigkeiten mit ihrer nationalen Identität. Die Deutschen, und besonders die Bundesdeutschen, haben erhebliche Schwierigkeiten. Man spricht nicht viel darüber, zum Teil deswegen, weil aufgrund des krampfhaft überhöhten Nationalbewußtseins im Dritten Reich jeder Versuch der Deutschen, über ihr Nationalbewußtsein öffentlich zu sprechen, einen Menschen in den Verdacht bringt, das überhöhte Nationalbewußtsein des Dritten Reiches wiederbeleben zu wollen. Ich bin in dieser Hinsicht ganz unverdächtig. Es ist für mich leichter als für viele andere Deutsche zu sagen, daß das Problem der nationalen Identität der Bundesrepublik ohne Krampf und, wenn irgend möglich, ohne an die Tradition des deutschen Nationalismus nach 1870 anzuknüpfen, als ein menschliches Problem besonders der jüngeren Generationen durchdacht und öffentlich diskutiert werden sollte.

Das Problem der nationalen Identität der Bundesrepublik hat, wie in anderen Fällen, zwei Facetten, die sich ergänzen. Da ist einmal das Problem der Wir-Identität: Was für Menschen sind wir als Bundesdeutsche? Was sind die Eigentümlichkeiten, was ist der Sinn und Wert des neuen bundesdeutschen Zusammenlebens? Wie können Deutsche im europäischen Konzert neue Werte schaffen? Das sind nicht ganz einfache Fragen, eben weil auch nach vierzig Jahren das Bild des Dritten Reiches die gegenwärtige Identität der Deutschen immer noch überschattet.

Diese Fragen sind zweitens schwierig, weil eine Sonder-Identität der Bundesdeutschen für das Gefühl mancher von ihnen die Zweiteilung des alten deutschen Reiches zu besiegeln scheint. Aber man sollte in dieser Hinsicht vielleicht nicht zu ängstlich sein. Bayern, Sachsen, Preußen waren auch einst gesonderte Staaten mit einer bestimmten eigenen Identität und besitzen sie vielleicht noch heute. Das machte die schließliche Einigung vielleicht schwerer, aber keineswegs unmöglich. In der vorhersehbaren Zukunft ist eine entsprechende Einigung der beiden gegenwärtigen deutschen Staaten nicht zu erwarten. Sie wird dadurch nicht verhindert, daß die Bundesrepublik endlich mit aller Entschlossenheit ihren Eigenwert und so ihre eigene Identität entwickelt.

Welches nationale Problem der Bundesrepublik man auch immer anspricht, es schmerzt, es scheint gefährlich zu sein. Und also spricht man nicht darüber. Aber das Problem der nationalen Identität Westdeutschlands ist ein ernstliches Problem, und ich meine, man sollte darüber sprechen. Vielleicht finden Sie es nicht unrichtig, an diesem Tage darüber zu sprechen, denn de facto, wenn auch nicht formal, war ja der 8. Mai 1945 der Geburtstag der Bundesrepublik, der Tag, der die Entstehung eines relativ freien, parlamentarisch regierten und in diesem Sinne demokratischen Deutschland ermöglichte. Vielleicht kann man heute, bei der Rückschau nach vierzig Jahren, sagen, daß das Staatsgebilde, das da aus den drei westlichen Besatzungszonen hervorging, in der Geschichte Deutschlands etwas Neues war. Es mag sein, daß man die Chance der Erneuerung nicht genügend aufgenommen hat. Das ist ein Mangel, der sich sicherlich nachholen läßt.

Ich erinnere mich in diesem Zusammenhang immer wieder einer wichtigen Episode in der Geschichte Dänemarks. 1866 war Dänemark von Preußen besiegt worden. Die Territorialverluste besonders in Schleswig-Holstein waren beträchtlich. Es gab damals in Dänemark Menschen, die erkannten, daß die Zukunft des Landes gefährdet sei, wenn man nicht der Masse der Bevölkerung – und das hieß damals, der Masse der bäuerlichen Bevölkerung – den Zugang zu einem höheren Bildungsniveau eröffnete. Grundtvig legte als Gegengewicht gegen die Niederlage, die fast einer nationalen Katastrophe gleichkam, das Fundament für eine umfassende Volkshochschulbewegung, also im Grunde für eine Erneuerungsbewegung der ganzen Nation. Hand in Hand damit ging eine Stärkung des nationalen Selbstbewußtseins, die mäßig, gelassen und inoffensiv war. Die Nachwirkungen dieser Erneuerungsbewegung machen sich bis heute bemerkbar. Sie ermöglichte es den Dänen, selbst die für andere oft destabilisierende Besatzungszeit im Hitlerkrieg mit einem ganz ungestörten und gelassenen Gefühl der nationalen Zusammengehörigkeit zu überleben.

Deutschland hat nicht nur eine, sondern zwei schwere militärische Niederlagen hinter sich. Seine führenden Männer, erst der Kaiser und dann Hitler, haben zweimal die ganze Kraft des deutschen Volkes mobilisiert, um für Deutschland eine Hegemonialstellung in Europa zu erringen. Das Ziel war verlockend – so verlockend, daß vielleicht nur ein Staatsmann vom Kaliber Bismarcks dafür Verständnis hätten haben können, daß das kriegerische Potential Deutschlands als eines »Landes der Mitte« nicht groß genug war, um einen längeren Krieg gegen die Mehrzahl der anderen europäischen Großmächte, und vor allem gegen die Vereinigten Staaten von Amerika, einigermaßen siegreich zu Ende zu führen.

Bismarck war ein großer Mann. Aber seine Politik war im wesentlichen eine Politik der Mäßigung. Als er Österreich besiegt hatte, sah er sofort die Notwendigkeit ein, sich Österreich zum Freunde zu machen, den Feind von gestern zum Freund von heute. Er war noch nicht von dem nationalen Mythos der Kaiser- und Hitlerzeit geblendet. Danach verloren die führenden Schichten Deutschlands, berauscht vom Gedanken an eine deutsche Hegemonie, das Augenmaß für die Größe des Risikos, das sie dem deutschen Volk aufluden. Es war nie sehr wahrscheinlich, daß die Vereinigten Staaten der Geburt eines deutschen Großreiches unter kaiserlicher oder gar diktatorischer Leitung, also eines möglichen Rivalen im eurasischen Raume mit einer gefährlich aggressiven Ideologie, untätig zusehen würden. Aber ihre professionelle Blindheit hinderte die kaiserliche wie Hitlers Führung daran, das Kriegspotential Amerikas ernstlich in Betracht zu ziehen.

Nach jedem der beiden verlorenen deutschen Hegemonialkriege machte sich dann der führende Mann aus dem Staube, der eine nach Holland, der andere ins Grab, und überließ es dem Volke, die Suppe auszulöffeln, die er ihm eingebrockt hatte. Seit Bismarck hatte das deutsche Volk kein großes Glück mit seinen führenden Männern.

10

Der verlorene Vormachtkampf Deutschlands war, soweit sich sehen läßt, der letzte Versuch eines europäischen Staates, die Hegemonie in Europa zu erkämpfen. Deutschland war der größte, aber nicht der einzige Verlierer dieses Krieges. Auch Frankreich und England, nominell Sieger des Zweiten Weltkrieges, gehörten effektiv zu den Verlierenden. Die wirklichen Sieger waren die Sowjetunion und die Vereinigten Staaten. Diese beiden Mächte rückten am Ende des Krieges an die Spitze der Staatenhierarchie nicht allein Europas, sondern der gesamten Welt. Beide Staaten besaßen nun die zwei stärksten militärischen Organisationen auf der ganzen Erde.

Ich bin nicht ganz sicher, ob das Problem klar genug ist,

vor dem die amerikanische und die russische Führung standen, als Hitler und Goebbels sich durch Selbstmord der Verantwortung für die Deutschen entzogen, die sie so lange für sich beansprucht hatten, und als der deutsche Widerstand zusammenbrach. Die von Osten kommenden russischen, die von Westen kommenden amerikanischen und alliierten Truppen marschierten in Deutschland aufeinander zu. Das war nicht ganz ungefährlich, denn die westlichen und die östlichen Sieger hätten beim Vormarsch leicht in Konflikt miteinander geraten können. Es bedurfte also einer Abmachung über die Grenze zwischen den Besatzungszonen der östlichen und der westlichen Heere, wenn man die mögliche kriegerische Auseinandersetzung zwischen den beiden Armeen vermeiden wollte.

Man brauchte nicht besonders gewitzt zu sein, um vorauszusehen, daß sich die durch Abmachung festgelegte Grenze zwischen den Heeren der östlichen und der westlichen Sieger zu einer Dauergrenze auswachsen würde. Man konnte vorhersehen, daß die Russen aus den von ihren Heeren eroberten Gebieten ohne kriegerischen Zwang niemals abziehen, daß sie ihre Vorherrschaft in den von ihnen besetzten Gebieten, und vor allem auch in den besetzten deutschen Gebieten, nicht freiwillig aufgeben würden. Sie hatten riesige Verluste erlitten, sie wollten größtmögliche Sicherheit für ihr Kernland. Den Amerikanern und ihren Alliierten aber lag nichts ferner als der Gedanke, sich um der Einheit Deutschlands oder der Freiheit anderer von Rußland besetzter Gebiete willen mit den Russen in einen Krieg einzulassen. Ganz im Gegenteil, anderen europäischen Staaten, deren Bürger unter der deutschen Besetzung gelitten hatten und die durch SS und Gestapo einen Vorgeschmack von einer hitlerdeutschen Vorherrschaft bekommen hatten – und insbesondere den Franzosen –, war es nur recht, daß Deutschland durch die Grenze zwischen den Besatzungstruppen in zwei Teile gespalten wurde. Der deutsche Koloß in der Mitte Europas hatte zweimal mit kriegerischen Mitteln versucht, die Hegemonie auf dem europäischen Kontinent zu gewinnen. Zweimal war dieser Versuch nach einem verheerenden Krieg gescheitert. Die Deutschen hatten sich bei ihrer Besetzung anderer Länder, ganz besonders im Hitlerkrieg, durch ihr Auftreten als Herrenrasse wenig Freunde und viele Feinde gemacht. Man war es im Grunde sehr zufrieden, daß dieser furchterregende militärische Koloß im Zentrum Europas in zwei Teile gespalten und damit für seine Nachbarn weniger bedrohlich wurde.

Aber die Spaltung Deutschlands in zwei Besatzungszonen und dann in zwei Staaten, ebenso wie die Spaltung Koreas, war letztlich nur ein Beiprodukt der langsam zutage tretenden Rivalität zwischen den beiden stärksten Militärmächten der Erde, zwischen Rußland und Amerika. Ich habe zuvor auf die Regelmäßigkeit hingewiesen, mit der sich in einer Staatenhierarchie nach einer Reihe von Ausscheidungskämpfen zwei oder manchmal auch drei Staaten, gewöhnlich ohne daß sie das beabsichtigt oder geplant hätten, als Rivalen um die Vormacht an die Spitze dieser Staatengruppen gestellt finden. Sie geraten damit in eine Zwangssituation. Denn jeder der zwei oder der drei Hegemonialkandidaten muß fürchten, daß er von einem anderen seiner Unabhängigkeit und Entscheidungsfreiheit beraubt wird, wenn der andere stärker wird als er. Ich habe auf Sparta und Athen, die Griechen und die Perser, Rom und Karthago, die Habsburger und die Bourbonen verwiesen und könnte noch viele andere Beispiele anführen. In unseren Tagen nun sind Amerika und Rußland nolens volens in diese Zwangssituation als Rivalen um die Vorherrschaft unter den Staaten der Erde hineingeraten.

Auch in früheren Zeiten gingen solche bipolaren Vormachtkämpfe manchmal Hand in Hand mit Gegensätzen der internen Herrschafts- und Gesellschaftsformen. Der lange Ausscheidungskampf um die Hegemonie zwischen Athen und Sparta zum Beispiel ging Hand in Hand mit dem Gegensatz der Gesellschaftssysteme und der sozialen Klassen, die in den beiden Stadtstaaten vorherrschten. Das volksdemokratische Athen stand dem aristokratisch-oligarchischen Sparta gegenüber. Als Sparta siegte, zwang es den Athenern die aristokratisch-oligarchische, die Herrschaftsform der sogenannten Dreißig Tyrannen auf. So spielt auch gegenwärtig bei den Hegemonialkonflikten zwischen Rußland und Amerika im Vorfeld eines möglichen Krieges der Unterschied in der Herrschafts- und Gesellschaftsform sicherlich eine Rolle. Es spielt bei diesen Vormachtkämpfen eine Rolle, daß Rußland eine Parteidiktatur, Amerika ein parlamentarisches Zweiparteienregime hat und daß in beiden Ländern gegensätzliche weltanschauliche Ideologien vorherrschen.

Aber die große Gefahr, die die gegenseitige Bedrohung dieser beiden Hegemonialkandidaten für uns alle, für die ganze Menschheit bedeutet, beruht in erster Linie auf dem, was ihre Gegensätzlichkeit mit derjenigen früherer Hegemonialkämpfe gemein hat. Sie beruht darauf, daß hier die beiden weitaus stärksten Militärstaaten einander als Rivalen gegenüberstehen. Für das Wettrüsten dieser beiden Militärstaaten, das uns alle aus guten Gründen beschäftigt, gibt es unzählige Präzedenzfälle. Sie alle zeigen, wie außerordentlich schwierig es ist, den sozialen Mechanismus dieses sich gegenseitig höher und höher Schraubens zu durchbrechen. Erst wenn man aufhört, den sich steigernden Gegensatz zwischen der Sowjetunion und den Vereinigten Staaten als etwas Einzigartiges, ganz für sich zu betrachten, erst wenn man sieht, daß es Hunderte von Präzedenzfällen gibt, daß es sich hier um eine soziale Figuration mit gewissen Regelmäßigkeiten, mit wiederkehrenden Abläufen handelt, erst dann kann man klar herausarbeiten, was an dieser heutigen Situation einzigartig ist.

Zu den Regelmäßigkeiten dieser Figuration gehört eine polarisierende Tendenz vieler anderer Staaten der Staatenhierarchie, deren Spitze die beiden antagonistischen Militärmächte bilden. Bei allen Variationen, die es immer wieder gibt, zeigen die anderen Staaten des gesamten Staatenfeldes eine starke Tendenz, sich dem einen oder dem anderen der beiden Hegemonialstaaten anzuschließen und sich um sie zu gruppieren wie Eisenfeilspäne um die Pole eines großen Magneten.

Zu den Regelmäßigkeiten dieser Figuration gehört ebenfalls das noch weitgehend unblutige Manövrieren jedes der beiden Hegemonialstaaten um die bessere Absprungposition für den Fall des Krieges, das Manövrieren um Positionen in dem mehr oder weniger weiten Zwischengelände zwischen den Kerngebieten der beiden Staaten selbst. Die kriegerische Auseinandersetzung der beiden Hegemonialstaaten, wenn sie kommt, spielt sich gewöhnlich zunächst in diesem Zwischengelände zwischen den Kerngebieten der rivalisierenden Mächte ab.

Jede der beiden sucht gewöhnlich im Vorgelände der eigenen Kernländer ein möglichst weitreichendes Glacis von Bundesgenossen oder Vasallenstaaten zu bilden und zugleich Bundesgenossen und Vasallenstaaten im Glacis um die Kernländer des Gegners für sich zu gewinnen. Der Ausbau eines Glacis um das eigene Kerngebiet soll dem Gegner das Eindringen in dieses Gebiet möglichst schwer machen. Umgekehrt sollen Bundesgenossen oder Vasallenstaaten im Glacis des Gegners das eigene Vordringen in dessen Kernland oder seine Zerstörung nach Möglichkeit erleichtern.

Ob diesem Manövrieren um die bessere Absprungposition in der Periode des Vorkriegs im Zeitalter der Kern- und Raketenwaffen noch die gleiche Bedeutung zukommt wie in der Zeit der Kanonen und Gewehre oder der Lanzen, Pfeile und Schwerter, sei dahingestellt. Aber der Figurationszwang und wohl auch die militärische Tradition, die aus der Zeit der Fürsten in die der Parteiführer und Präsidenten ganz ungebrochen hineinreicht, üben offenbar einen starken Druck in dieser Richtung aus. Schon die Zaren versuchten, sich zum Schutze ihres Kernlandes Stützpunkte in Afghanistan zu sichern. Schon die Briten versuchten, es zu verhindern. Nun haben die Amerikaner deren Erbe angetreten. Die Russen ihrerseits freuen sich über ihre Stützpunkte in Kuba und Nicaragua und, nicht zu vergessen, in Vietnam. Und die Amerikaner unternehmen alle Anstrengungen, um sie besonders aus der gefährlichen Nähe in Mittelamerika, möglichst ohne eigenen Heereseinsatz, wieder zu verdrängen. Das gefährliche Spiel ist so alt wie die Staaten selbst. Schon in der Antike suchten Assyrer und Ägypter die Vormacht in Palästina zu gewinnen, oder Römer und

Karthager in Sizilien, ehe sie in ihre jeweiligen Kernländer einmarschierten.

Es gibt viele andere Regelmäßigkeiten dieser bipolaren Hegemonialkämpfe, die man fast in allen solchen Fällen beobachten kann. Eine von ihnen will ich noch nennen. Sie mag erschreckend sein. Aber es hat keinen Sinn, sich den Blick zu verstellen. Ich kenne keinen einzigen Fall in der Entwicklung der Menschheit, in dem ein solcher Konflikt zwischen den zwei stärksten Militärmächten an der Spitze einer Staatenhierarchie nicht früher oder später zu einem Krieg führte, zum Austrag des schwelenden Konfliktes mit Waffengewalt. Und selbst wenn es einen solchen Präzedenzfall für das friedliche Herunterschrauben, für die De-Eskalation eines sich vorbereitenden Hegemonialkrieges gäbe, könnte man nicht umhin, die Regelmäßigkeit, mit der eine solche Figuration zur kriegerischen Auseinandersetzung hintreibt, genauer zu studieren. Denn bei allen Gemeinsamkeiten mit früheren Prozessen dieser Art hat der Hegemonialkampf unserer Tage zugleich auch bestimmte ganz einzigartige Struktureigentümlichkeiten. Wir befinden uns heute in einer Situation, für die es keine Präzedenzfälle gibt. Wir sind nun in zweifacher Hinsicht am Ende des Weges angelangt.

II

Ich habe schon gesagt, daß ich keinen Fall kenne, in dem die Konstellation der zwei oder drei stärksten Militärmächte an der Spitze einer Staatenpyramide, bei der jede der Spitzenmächte sich in ihrer Sicherheit von der anderen bedroht fühlte, nicht früher oder später zu schweren kriegerischen Auseinandersetzungen führte. Es gehört zu den Einzigartigkeiten der gegenwärtigen Mächtekonstellation, daß ein Krieg zwischen den beiden Hegemonialstaaten bei dem gegenwärtigen Stande der Waffentechnik die weitgehende Zerstörung der beiden Hegemonialmächte und ihrer Verbündeten, möglicherweise auch eine zeitweilige oder dauernde Einschränkung der Bewohnbarkeit der Erde zur Folge hätte.

Manche Menschen sind der Ansicht, daß die Größe der Gefahr die führenden Politiker der beiden großen Militärstaaten schon von selbst zur Vernunft bringen werde. Aber ich glaube nicht, daß man sich den Übergang von dem relativ unblutigen Positionskampf zum blutigen Kriege zwischen den beiden Staatengruppen einfach als Resultat dessen vorstellen kann, was man heute oft als »rationale Entscheidung« bezeichnet. Es gibt bei dieser Konstellation der Mächte so viele Möglichkeiten des unbedachten, von Wunsch- oder Furchtbildern beherrschten Übergangs vom kalten zum heißen Krieg, daß mir die Hoffnung, die menschliche Vernunft werde früher oder später dem immensen Druck einer solchen Konstellation zum Kriege hin Einhalt gebieten, recht illusorisch erscheint. Ich habe freilich eine gewisse Vorstellung davon, was man tun könnte, um den selbsteskalierenden Mechanismus der sich steigernden gegenseitigen Bedrohung der großen Militärmächte auf eine Bewegung in der entgegengesetzten Richtung, auf eine De-Eskalation umzuschalten. Vielleicht habe ich später noch Zeit, etwas darüber zu sagen.

Ich habe erwähnt, daß der Vormachtkampf zwischen den beiden größten Militärstaaten, der am Ende des Zweiten Weltkrieges in den vierziger Jahren des 20. Jahrhunderts eingesetzt hat, deswegen einzigartig ist, weil die Menschheit damit am Ende eines Weges angelangt ist. Diese Metapher vom Ende des Weges bezieht sich nicht allein auf die Gefahr der Selbstzerstörung der Menschheit durch den nächsten Krieg. Auch wenn man den Gedanken an die Beispiellosigkeit dieser Gefahr zunächst einmal ausschaltet, entdeckt man, daß die gegenwärtigen Hegemonialkämpfe zwischen den beiden stärksten Militärstaaten einen einzigartigen Charakter haben.

Die Beispiele früherer Zeiten machen deutlich, daß solche Kämpfe entweder mit einem Unentschieden oder mit einem Aufstieg des Siegerstaats zur integrierenden Vormacht über die ganze Staatengruppe enden können. Die Ausscheidungskämpfe der sumerischen Stadtstaaten ebenso wie die der griechischen Stadtstaaten endeten unentschieden, also ohne daß es Sparta, Athen, Korinth oder Theben gelang, sich eine Vormachtstellung über die anderen Stadtstaaten zu erkämpfen und sie auf diese Weise zu einem griechischen Einheitsstaat zusammenzubinden. Das geschah schließlich durch einen Außenseiterstaat, durch die Herrscher des Königreichs Makedonien, Philipp und Alexander, die die widerstrebend geeinten Stadtstaaten in den Endkampf mit dem langjährigen Erzfeind, mit dem bedrohlichen Perserstaat führten.

Wenn gegenwärtig eine der beiden Hegemonialmächte den Sieg über die andere ohne gegenseitige Vernichtung erringen könnte, dann wäre es möglich, daß auch damit das Ende eines Weges erreicht würde. Rußland oder

Amerika könnten dann zur Hegemonialmacht der ganzen Menschheit aufrücken. Zum Unterschied von allen früheren Siegern in den Hegemonialkämpfen einer Staatengruppe, also etwa von China oder den Römern, die sich zwar als Herrscher eines Weltreiches verstanden, die aber de facto immer nur die Einigung und Pazifizierung eines begrenzten Teiles der Menschheit zustande brachten, wäre der Sieger im gegenwärtigen Hegemonialkampfe, wenn er den Kampf nicht allzu geschwächt überlebte, in der Lage, militärische und ökonomische Machtmittel von einem Ausmaß zu kontrollieren, das die effektive Konkurrenz irgendeines anderen Staates unmöglich machte.

Daß eine solche Situation tatsächlich eintreten könnte, ist unwahrscheinlich. Aber die Tatsache, der man hier auf die Spur kommt und von der ich sagte, daß auch sie das Ende eines Weges bedeute, ist ganz real. Vielleicht sollte ich sagen: Sie bedeutet das Ende eines Weges und den Anfang eines neuen. Die Entwicklung der Menschheit ist an einem Punkte, oder besser ausgedrückt: in einer Periode angelangt, in der die Menschen zum ersten Mal vor die Aufgabe gestellt sind, sich global, das heißt als Menschheit zu organisieren. Die Aufgabe stellt sich ihnen als Ergebnis einer langen Entwicklung. Sie gibt ihnen zugleich auch die technischen Möglichkeiten für eine Organisierung der Menschheit an die Hand. Bitte mißverstehen Sie mich nicht. Wovon ich hier rede, ist nicht das, was man gewöhnlich eine Utopie nennt. Die Aufgabe, eine die ganze Menschheit umfassende Ordnung des Zusammenlebens zu entwickeln, stellt sich den Menschen heute tatsächlich, ob man sich ihrer als solcher bewußt ist oder nicht. Niemand kann voraussehen, wie lange die

Menschheit dazu brauchen wird, diese Aufgabe zu lösen. Niemand kann voraussehen, ob die Menschheit sich nicht in den vorbereitenden Kämpfen in dieser Richtung selbst zerstören und die Erde unbewohnbar machen wird.

12

Auf früheren Stufen ist die Befriedung einer Staatengruppe so gut wie immer dadurch zustande gekommen, daß aus einer Sequenz von Ausscheidungskämpfen innerhalb einer Staatengruppe ein einzelner Staat als Sieger und somit als Hegemonialmacht hervorging. Die Pax Romana ist ein bekanntes Beispiel dieser Art. Ansätze in derselben Richtung zeigen sich auch bei den beiden großen Militärmächten, die während der zweiten Hälfte des 20. Jahrhunderts als solche in den zwischenstaatlichen Auseinandersetzungen über die ganze Welt hin in den Vordergrund traten.

Halb verdeckt kündigt sich in den nationalen Ideologien der zwei stärksten Militärmächte in der zweiten Hälfte des 20. Jahrhunderts der nationale Traum einer Hegemonialstellung über die ganze Menschheit bereits an. Es ist nützlich, in diesem Zusammenhang die eigene Vorstellungskraft ein wenig zu bemühen und in Gedanken mögliche Situationen heraufzubeschwören, selbst wenn sie keine oder nur eine ganz geringe Chance haben, zu wirklichen Situationen zu werden.

Man stelle sich vor: Wenn es die Vereinigten Staaten nicht gäbe, dann wäre die Sowjetunion heute möglicherweise nach dem Sieg über Deutschland zu der bei weitem stärksten Militärmacht nicht nur Europas, sondern der Menschheit geworden. Natürlich bleibt es eine offene Frage, ob die Sowjetunion ohne die Hilfe Amerikas und seiner Bundesgenossen den Sieg über Deutschland hätte erringen können. Aber nehmen wir einmal an, das wäre geschehen. Die sowjetische Militärmacht hätte einen solchen Vorsprung gegenüber der Militärmacht aller anderen Staaten der Menschheit errungen, daß die Sowjetunion de facto zur Hegemonialmacht der Menschheit geworden wäre. In diesem Falle wären also die Führer der kommunistischen Parteien aller Länder die effektiven Herrscher dieser Länder geworden. Die Führung der kommunistischen Partei Sowjetrußlands, des stärksten Militärstaats der Erde, würde dann eine Hegemonialstellung über die ganze Menschheit einnehmen. Sie würde vermutlich versuchen, kriegerische Auseinandersetzungen zwischen Vasallenstaaten mit Hilfe ihrer überlegenen Militärmacht zu verhindern und auf diese Weise die Befriedung der Menschheit, die Pax Sovietica einzuführen.

Der Traum von einer solchen sowjetrussischen Welthegemonie ist in etwas versteckter Form in der offiziellen sowjetrussischen Glaubensdoktrin enthalten. Die etwas einseitig auf Wirtschafts- und Klassenverhältnisse beschränkte marxistische Lehre verdeckt ihn. Diese Lehre spricht lediglich von der gesellschaftlichen Notwendigkeit, mit der früher oder später kommunistische Revolutionen Diktaturen des Proletariats, also genauer gesagt: Diktaturen einer kommunistischen Parteiführung, entstehen lassen werden. Die Einseitigkeit der Marxschen Lehre, die den staatlichen und vor allem auch den militärischen Machtquellen keine eigenständige gesellschaftliche Bedeutung zuerkennt, verdeckt eine Tatsache, die Marx gewiß nicht vorhersehen konnte – die Tatsache, daß ein Sieg des Kommunismus über die ganze Erde hin wahrscheinlich eine Hegemonialstellung der mächtigsten kommunistischen Militärmacht, also der Sowjetunion, mit sich bringen würde.

Die Pax Sovietica, als hypothetische Möglichkeit betrachtet, hat ihr Gegenstück in der Pax Americana. Der in den Vereinigten Staaten selbst oft diskutierte amerikanische Traum, *the American Dream*, ist gewiß bisher nicht ausdrücklich auf eine Hegemonialstellung Amerikas gerichtet. Aber es fehlt nicht an Ansätzen in dieser Richtung. Auch im Falle Amerikas, ähnlich wie in dem Sowjetrußlands und als Gegenschlag gegen den kommunistischen Anspruch auf weltweite Vorherrschaft, nimmt der Einsatz für das eigene, kapitalistisch organisierte Mehrparteiensystem häufig genug den Charakter einer weltweiten Mission an. Wie im Falle der Sowjetunion geht in dem der Vereinigten Staaten die Sorge um die eigene Sicherheit oft genug mit der Forderung Hand in Hand, die eigene Militärmacht müsse die stärkste der Welt sein, um die militärische Integrität des eigenen Landes sicherzustellen.

Auch dies ist eine der eigentümlichen Regelmäßigkeiten des bipolaren Hegemonialkampfes: Solange sich die beiden stärksten Militärstaaten die Waage halten, solange sich ihre ökonomischen und militärischen Machtmittel annähernd gegenseitig ausbalancieren, bleibt den weniger mächtigen Staaten ein nicht unerheblicher Spielraum zu eigenen Entscheidungen, ein Freiheitsspielraum der Selbstherrschaft offen. Je mehr sich die Machtbalance zugunsten einer der beiden stärksten Militärmächte verlagert, um so unzweideutiger gewinnt die betreffende Macht den Charakter einer Hegemonialmacht der Menschheit. Aber ich erwähne diese Möglichkeit nur, um die soziale Eigendynamik einer solchen Staatenkonstellation verständlich zu machen. In Wirklichkeit ruft das Stärkerwerden einer der beiden Hegemonialmächte – sei es direkt durch Wachstum des militärischen Potentials, sei es durch ein neues Bündnis, durch einen Positionsgewinn im Felde der nicht festgelegten Staaten – gewöhnlich einen Ausgleichsversuch der anderen Hegemonialmacht hervor, der die Balance wiederherstellt und mit ihr die einzige Form der Sicherheit, die die beiden Hegemonialmächte in ihrer Beziehung zueinander haben können. Es ist eine schwierige Situation. Jede der beiden Mächte unternimmt ständig den Versuch, die andere zu übertrumpfen; jede macht ständig den Versuch, den geringsten Vorsprung der anderen auszugleichen. Jede sucht unwillkürlich, sich näher an eine Welthegemonie, an die Position des stärksten Militärstaats der Erde heranzuarbeiten; jede wird ständig durch den Gegenzug der anderen daran gehindert.

Ich sage durchaus nicht, daß die jeweiligen Regierungen der beiden Staaten bewußt auf Weltherrschaft hinstreben. Ich sage nur, daß die eigentümliche Zwangslage, in der sich beide Mächte befinden, beide in diese Richtung drängt. Das, was wir Wettrüsten nennen, ist ebenfalls ein Ergebnis dieser Zwangslage. Ich unterstelle auch nicht, daß irgendeine Regierung der beiden Hegemonialstaaten im vollen Bewußtsein der Konsequenzen auf einen Krieg hinarbeitet. Ich sage lediglich, daß sich die Regierungen der beiden Staaten dadurch, daß sie sich militärische oder positionale Vorteile über die Gegenseite zu verschaffen suchen, unwillkürlich näher an einen Krieg heranarbeiten. Es gibt gute Belege dafür, daß beide Seiten, die kommunistische wie die kapitalistische Großmacht – besonders in den Spitzengruppen, aber vielleicht auch Teile der Völker –, davon träumen, daß die andere Seite verschwinden werde. Beide träumen von dem Kollaps der Gegenseite. Sie tun vielleicht auch einiges, um den Kollaps herbeizuführen, möglichst ohne die Notwendigkeit eines Krieges. Aber die Regierenden beider Seiten scheinen nicht klar genug zu sehen, daß, wenn die andere Seite sich von ihrem Gegner an die Wand gedrängt fühlte und die Regierenden keinen anderen Ausweg mehr wüßten, die Wahrscheinlichkeit sehr groß wäre, daß sie als letzten Ausweg zum Krieg, also zum Gebrauch der reichlich aufgespeicherten Atomwaffen greifen würden.

Durch mein ganzes, langes Leben hin, mindestens seit ich Primaner war, haben mir kommunistische Bekannte und Freunde immer wieder vorgerechnet, daß die jeweilige Krise die Endkrise des Kapitalismus sei, der dann unweigerlich die kommunistische Revolution und über die Diktatur des Proletariats die Gesellschaft ohne Unterdrückung, fast ohne Regierung folgen würden. Ich hörte das 1913, ich hörte es wieder am Beginn dieses Jahres; und, vorgetragen mit unverminderter Überzeugungskraft, immer von neuem in den langen Jahren dazwischen. Der kommunistische Wunschtraum, daß die Marxsche Prophezeiung vom Ende des Kapitalismus nun bald in Erfüllung gehen werde, daß die Endkrise des Kapitalismus nun gekommen sei, beflügelte durch dieses ganze Jahrhundert hin die Phantasie der Gläubigen.

Aber die Vorstellung, daß der Kollaps des Gegners ohne die Notwendigkeit eines Krieges kommen werde, beschränkt sich durchaus nicht auf eine Seite. Auch unter Amerikanern und in den europäischen Ländern der westlichen Allianz begegnet man oft genug der Vorstellung, daß der östliche Block in nicht allzu langer Zeit in eine Krise geraten und sich dann von selbst auflösen werde. Mein Eindruck ist, daß dieser Wunschtraum vom selbsttätigen Kollaps des Kommunismus in Rußland und den östlichen Staaten in den letzten Jahrzehnten stärker geworden und weiter verbreitet ist als zuvor. Und, wie gesagt, man tut dann auch noch einiges, um dem erwünschten, sich selbsttätig vorbereitenden Zusammenbruch des Kommunismus etwas nachzuhelfen.

Ich glaube, daß diese Vorstellungen von dem angeblich selbsttätigen Zusammenbruch des kapitalistischen und des kommunistischen Regimes Wunschträume sind. Es fehlt ihnen jeder reale Anhaltspunkt. Es sind überdies gefährliche Wunschträume. Die Kommunisten haben von jeher einiges dazu getan, um dem von Marx prophezeiten Zusammenbruch des Kapitalismus aktiv nachzuhelfen. Und in jüngster Zeit scheint eine amerikanische Regierung ähnliches mit dem kommunistischen Regime im Sinne zu haben. Wenn es einem der beiden Staaten wirklich gelänge, den anderen in die Enge zu treiben, dann würde das die Gefahr eines Krieges gewaltig erhöhen. Ich habe es schon einmal gesagt; aber es lohnt sich, das zweimal zu sagen.

13

Was bleibt zu tun? Das kommunistisch-diktatorische Regime in der Sowjetunion macht keine Anstalten, von selbst wegzugehen. Das kapitalistisch-parlamentarische Regime der USA macht ebenfalls keine Anstalten, von selbst zu verschwinden. Ein Krieg zwischen den beiden Staaten ist keineswegs unmöglich, aber er wäre ein so großes Unglück für die ganze Menschheit, daß man vielleicht mehr darüber nachdenken sollte, welche Alternativen zum Kriege es gibt.

Der Krieg zwischen der von Rußland und der von Amerika geleiteten Staatengruppe würde möglicherweise in einer weitgehenden Vernichtung, aber sicherlich in einer außerordentlichen Schwächung beider Staatengruppen enden. Die voraussehbaren Sieger in einem solchen Kriege wären andere Länder – vorausgesetzt, daß sie in der Lage sind, sich aus dem Kriege herauszuhalten und ihre Bevölkerung, ihren Landbesitz und ihr Kapital vor den zerstörerischen Einflüssen eines Kernwaffenkriegs zu schützen. Indien, Brasilien und besonders China wären dann unter den Kandidaten für die Führungspositionen der Weltstaatenhierarchie. Es lohnt sich, darauf hinzuweisen, daß die Vorstellungen von den Beziehungen der Weltstaaten zueinander, wenn sie sich nicht vor einem Kernwaffenkrieg allmählich zu ändern beginnen, mit hoher Wahrscheinlichkeit nach einem solchen Kriege eine ziemlich radikale Änderung erfahren werden.

Es gehört gegenwärtig ganz einfach zu einer beinahe als selbstverständlich erscheinenden Tradition der Menschheit und so recht eigentlich auch zur humana Conditio, zu dem unausweichlichen Schicksal der Menschen, daß Staaten im Falle eines Konfliktes einander mit Krieg überziehen können. Die Organisation aller Staaten ist auf die Möglichkeit einer kriegerischen Auseinandersetzung abgestellt. So gut wie alle Staaten haben militärische Institutionen, die darauf vorbereitet sind, das eigene Land gegen militärische Angriffe eines anderen Landes zu verteidigen oder, im Falle eines Konfliktes mit einem anderen Land, dieses Land anzugreifen. In nüchternen Worten: Gegenwärtig sind Staaten so gut wie überall in der Welt darauf abgestellt, im Falle eines Konflikts mit anderen Staaten von physischer Gewalt Gebrauch zu machen oder, anders gesagt, Bürger und Bürgerinnen eines gegnerischen Staates so lange zu verwunden, zu ermorden und ihre gesamten Produktionsmittel, ihr militärisches Potential und ihre Widerstandskraft so lange zu zerstören, bis der gegnerische Staat genug hat oder schlicht und einfach zusammenbricht. Es gehört zu den überlieferten Einrichtungen der meisten Staatsgesellschaften dieser Welt, bei Konflikten im zwischenstaatlichen Verkehr etwas zu tun, was bei Konflikten im innerstaatlichen Verkehr aufs strengste verboten ist und bestraft wird, nämlich zu versuchen, den Konflikt durch Gebrauch physischer Gewalt zu den eigenen Gunsten zu entscheiden.

Es ist nicht unvernünftig anzunehmen, daß nach dem nächsten Kriege, wenn er kommt, die übrig bleibende Menschheit zu der Überzeugung gelangen wird, daß es nötig ist, mit der Tradition zu brechen, die es Staaten nicht nur freistellt, sondern geradezu nahelegt, im Falle eines Konflikts mit einem anderen Staat eine Entscheidung im eigenen Interesse durch die Anwendung körperlicher Gewalt, durch einen Kampf auf Tod und Leben, kurzum: durch den Einsatz einer eigens für solche Zwecke von jedem Staat unterhaltenen Militärorganisation herbeizuführen. Dann, so scheint es, wird die Chance vorhanden sein, daß die Menschen sich zusammentun und sagen: »Nichts ist schlimmer als der Krieg. Was können wir tun, um den Krieg zu verhindern?« Unter dem Eindruck eines solchen Krieges werden sie wahrscheinlich leichter in der Lage sein, das zu tun, was wir heute zu tun nicht in der Lage sind: nämlich Instanzen zur Konfliktschlichtung zwischen den Staaten zu schaffen, denen sich alle Staaten unterwerfen müssen.

Diese Bedingung des menschlichen Lebens, diese Conditio humana, das Kommen und Gehen von Kriegen, scheint heute, wie durch die ganze Entwicklung der Menschheit hin, unvermeidlich. Aber heute, vielleicht darf ich es noch einmal sagen, befinden wir uns in einer Situation ohnegleichen, in einer Lage, die es noch nie zuvor in der Entwicklung der Menschheit gegeben hat. Wir sind, so sagte ich, am Ende des Weges angelangt. Wenn die Hegemonialstaaten der Gegenwart, also die Staaten mit dem stärksten militärischen Machtpotential, heute der jahrtausendealten Tradition der Menschheit folgen, die es rivalisierenden Menschengruppen als selbstverständlich erscheinen läßt, daß der Kampf um die eigene Sicherheit und, wenn möglich, die eigene Vormachtstellung unter den Menschengruppen durch den Gebrauch physischer Gewalt, durch einen Kampf auf Tod und Leben entschieden werden muß, dann liefern sie mit hoher Wahrscheinlichkeit nicht nur einen großen Teil der eigenen Bevölkerung, sondern darüber hinaus einen beträchtlichen Teil der Menschheit einem mehr oder weniger qualvollen Tode aus und machen zugleich einen beträchtlichen Teil der Erde, wenn nicht die Erde überhaupt, für Menschen unbewohnbar.

Wie gewaltig der Zwang dieser jahrtausendealten Tradition der Menschheit zum Austragen von Gruppenkonflikten mit Waffengewalt ist, wie wenig sich die führenden Menschen der führenden Staaten dem Zwang dieser Tradition, dem Zwang der Institutionen und Handlungsgewohnheiten, die diese Tradition geschaffen hat, zu entziehen vermögen, das zeigt sich heute mit furchterregender Anschaulichkeit. Der Krieg erscheint als ewiges Los der Menschheit. Keine Einsicht in die Einzigartigkeit der gegenwärtigen Situation ist, wie es scheint, in der Lage, die Gewalt der zum Kriege hindrängenden Handlungstradition zu brechen.

Das ist um so erstaunlicher, als die führenden Staaten der Erde nicht mehr, wie viele Staaten früherer Zeiten, von Menschen regiert werden, die in der Tradition des Kriegeradels großgeworden sind. Die regierenden Menschen der Sowjetunion legitimieren sich als Repräsentanten der Industriearbeiterschaft, die der Vereinigten Staaten als Repräsentanten der Industrieunternehmerschaft. Für beide war im innerstaatlichen Konflikt der militärische und agrarische Adel, der Feudaladel, wie es manchmal heißt, ein Gegner. Es ist nicht wenig instruktiv zu sehen, mit welcher Unerbittlichkeit Vertreter des industriellen Bürgertums und der industriellen Arbeiterschaft nun, da sie als Inhaber von Regierungspositionen in die Fußstapfen der Fürsten und des Adels treten, durch das Schwergewicht der staatlichen Institutionen in die Handlungstradition ihrer sozialen Vorgänger hineingezwängt werden. Die Einsicht in die Einzigartigkeit der gegenwärtigen Situation scheint völlig machtlos zu sein gegenüber den Zwängen der jahrtausendealten Tradition des Gebrauchs von physischer Gewalt als Mittel der Entscheidung von Konflikten zwischen mehr oder weniger autonomen Überlebenseinheiten, also gegenwärtig zwischen sich selbst regierenden, souveränen Staaten.

Man begegnet hier einem Musterbeispiel für eine immer von neuem beobachtbare Eigentümlichkeit der Menschheitsentwicklung. Die Entwicklung der Menschheit vollzieht sich weniger aufgrund von Lernprozessen, die auf Einsicht beruhen, auf vorwegnehmender Erkenntnis möglicher Folgen des gemeinsamen Handelns einer Menschengruppe; sie vollzieht sich weit mehr aufgrund von Lernprozessen im Gefolge von Fehlentscheidungen und den bitteren Erfahrungen, die sie mit sich bringen. Es ist, wie schon erwähnt, nicht ganz unvernünftig anzunehmen, daß *nach* einem Kernwaffenkrieg die überlebende Menschheit, durch die bittere Erfahrung belehrt, eher geneigt sein wird, sich um die Schaffung von effektiven Institutionen zur gewaltlosen Beilegung zwischenstaatlicher Konflikte zu bemühen. Man kann sich sehr gut vorstellen, daß *nach* einem Kernwaffenkrieg das Wissen, daß die Souveränität des einzelnen Staates dort ihre Grenzen hat, wo das Wohl und Wehe der Menschheit auf dem Spiele steht, nicht mehr als utopisch, sondern als höchst realistisch betrachtet werden wird. Die Regierung eines Landes, die dann nach alter Gewohnheit den Krieg gegen ein anderes Land vorbereitet oder gar mit Waffengewalt, mit Mord und Totschlag in ein anderes Land einbricht, wird dann als eine Gruppe von Verbrechern gegen die Menschheit vor ein Weltgericht gestellt, sei es durch den Zwang weltweiter wirtschaftlicher Sanktionen oder durch den Druck der öffentlichen Meinung der Welt, sei es mit Hilfe eines gemeinsamen Expeditionskorps der verbündeten Staaten der Welt.

14

Im Anblick der halbzerstörten Erde, oder vielleicht auch erst in der Erinnerung an sie, wird es leichter sein, selbst die Regierungen sehr großer und volkreicher Staaten daran zu gewöhnen, Interessen- und Meinungsverschiedenheiten mit anderen Staaten, also vor allem auch zwischenstaatliche Meinungsverschiedenheiten über Sicherheitsfragen, vor einen Gerichtshof der verbündeten Staaten der Erde zu bringen. Und für Verschiedenheiten des Glaubens oder des Sozialsystems kann man dann mit Selbstverständlichkeit allseitige Toleranz erwarten. Die Trauer der Menschheit über die entschwundene Pracht der Erde mag natürlich auch zu spät kommen. Die Erde, die wir kennen, kann unwiederbringlich verloren und die Menschen, wenn sie überhaupt noch existieren, können wieder auf ein Familienleben in Höhlen zurückgeworfen sein. Aber wenn die Bedingungen der staatlichen Organisation in der Tradition der gegenwärtigen Staaten dann überhaupt noch vorhanden sind, wäre es wahrscheinlich leichter, eine Maßnahme durchzuführen, deren Durchführung schon heute im Vorfeld des nuklearen Krieges ganz dringlich geworden ist, die aber heute aufgrund einer verhärteten Tradition noch als völlig utopisch und undurchführbar erscheint.

Die relative Schwäche des Internationalen Gerichtshofs in Den Haag zeigt deutlich genug den wunden Punkt in der Struktur dieser Einrichtung. Im Unterschied zu den innerstaatlichen Gerichten fehlt es den zwischenstaatlichen Gerichten an Exekutivorganen, mit deren Hilfe Entscheidungen des Gerichts auch in Fällen Beachtung finden können, in denen sich mächtige Menschen oder Menschengruppen dem Urteilsspruch zu entziehen suchen. Heute scheint es illusorisch sich vorzustellen, man könne mächtige Staaten wie die Sowjetunion und die Vereinigten Staaten von Amerika dazu bringen, ihre ständigen Anklagen gegeneinander einem Gerichtshof oder auch einer neutralen Kommission von Frauen und Männern zu unterbreiten, deren unparteiische Integrität weltweit anerkannt ist. Es ist illusorisch, weil trotz der gemeinsamen Gefahr des Kernwaffenkrieges zwischen den Vereinigten Staaten und der Sowjetunion die vereinten Staaten der Welt nicht mit *einer* Stimme sprechen können, nicht zu gemeinsamen wirtschaftlichen oder polizeilichen Maßnahmen fähig sind, die einem Urteilsspruch ihres Gerichts auch bei Widerstrebenden Beachtung verschaffen könnten.

Dabei ist es schon heute recht deutlich, daß bei direkten Verhandlungen zwischen den beiden den Frieden der Welt bedrohenden Hegemonialmächten die Argumente, die beide Seiten vorbringen, oft dermaßen von dem Zwang zur Verschleierung der eigenen Absichten bestimmt sind, von dem Zwang zur Propaganda und vor allem auch von einer solchen Unfähigkeit, die tatsächlichen Besorgnisse und Befürchtungen der anderen Seite zu verstehen, daß nichts erwünschter und notwendiger erscheint als eine unparteiische Wachkommission. Nichts freilich ist auch illusorischer. Aber wenn eine solche Kommission, wie man annehmen muß, nicht gleich als Schiedsgericht funktionieren könnte, so könnte sie doch zunächst wenigstens der Weltöffentlichkeit mitteilen, was die wirkliche Situation hinter den weithin undurchsichtigen und zum guten Teil für die Weltöffentlichkeit unverständlichen Argumenten der beiden Seiten ist. Die Medien haben zum Teil die Aufgabe auf sich genommen, die Öffentlichkeit der verschiedenen Staaten über das zu informieren, was sich tatsächlich hinter den verdeckenden offiziellen Äußerungen der beiden großen Militärmächte verbirgt. Eine öffentliche Körperschaft unparteilicher Männer und Frauen, die in der Lage ist, mit großer Regelmäßigkeit die Weltöffentlichkeit darüber zu informieren, welche Absichten und Besorgnisse sich tatsächlich hinter den ideologisch verbrämten und verschleierten Mitteilungen der beiden Hegemonialregierungen verbergen, könnte auf die Dauer einen erheblichen Einfluß auf die Verstrickung der beiden Großmächte in ihre gefährliche Verschleierungsstrategie gewinnen. Und ganz gewiß wäre es wünschenswert, wenn die Regierungen der den Frieden bedrohenden Großmächte nicht allein durch das Mittel direkter Verhandlungen – das gewiß nützlich und unentbehrlich ist – ihre Besorgnisse zu mindern suchten, sondern auch die Hilfe von überparteilichen Körperschaften mit beratenden oder auch schiedsrichterlichen Funktionen in Anspruch nehmen könnten (wie sie heute zum Beispiel im Falle von Peru und Chile schon gebraucht wurden), besonders wenn die direkten Verhandlungen ins Stocken geraten und nicht weiterführen.

Aber, wie gesagt, in dieser Periode vor dem Kernwaffenkrieg mögen selbst solche recht bescheidenen Vorschläge zur Minderung der Gefahr undurchführbar sein. Vielleicht sind Schritte zur Ausbildung überstaatlicher Organisationen, die effektiv als Wächter des Friedens fungieren können, erst nach einem solchen Kriege möglich.

Immerhin läßt sich auch jetzt schon angeben, wo der Kern des Widerstandes gegen die Ausbildung wirksamer Institutionen zur Verminderung der Kriegsgefahr zu suchen ist. Es sind ganz unzweideutig bestimmte Struktureigentümlichkeiten der traditionellen staatlichen Organisation, die der Entwicklung effektiver kriegsverhütender Institutionen im Wege stehen. Im Zentrum dieses Widerstandes findet man die Vorstellung von der absolut uneingeschränkten und unverletzlichen Souveränität jedes einzelnen Staates.

Auch diese Vorstellung und die entsprechenden Einrichtungen haben die gegenwärtig vorherrschenden Nationalstaaten oder, genauer gesagt, die von Repräsentanten einer Partei regierten Staaten von den Fürstenstaaten früherer Tage übernommen. Jeder fürstliche Herrscher erhob Anspruch darauf, innerhalb seines Herrschaftsgebietes absolut und unumschränkt zu regieren. Obgleich in Wirklichkeit mächtigere Fürsten oft genug die Souveränität weniger mächtiger Fürsten verletzten oder gegebenenfalls auch beseitigten, erhielt sich dennoch die Vorstellung von der absoluten und uneingeschränkten Autonomie und Selbstherrlichkeit eines Staates als eine für alle Fürstenstaaten verbindliche Doktrin. Sie erhielt sich im wesentlichen aufgrund einer letztlichen Solidarität aller Fürsten und Fürstenregierungen miteinander. Da jeder Fürst absolute Souveränität für sich selbst in Anspruch nahm – und so auch das Recht, über Krieg und Frieden zu entscheiden –, hatte jeder Fürst ein Interesse daran, auch jedem Standesgenossen im Prinzip die gleiche Autonomie und Unverletzlichkeit seiner Herrschaft zuzugestehen. Schon die Kriege früherer Zeiten machten deutlich, daß in der Praxis das Prinzip der absoluten Souveränität aller Fürsten brüchig war. Aber der Grundsatz, daß jeder Staat souverän sei, erhielt sich, als die Regierung von Fürsten durch die von Repräsentanten politischer Parteien abgelöst wurde.

Auf dieser Stufe der Entwicklung zeigt sich ganz besonders, daß die Anerkennung und Respektierung der absoluten Autonomie eines Staates durch alle anderen Staaten eine Schutzfunktion für jeden einzelnen Staat besitzt. Bis zu einem gewissen Grade schützt sie jeden Staat vor dem Verlust oder vor der Beschränkung seiner Unabhängigkeit. Man kann auch hier wieder eine Art von Solidarität aller Staaten beobachten. Da jeder Staat großen Wert auf die eigene Souveränität, die eigene Selbstherrschaft und Unabhängigkeit von anderen Staaten legt, respektieren die meisten Regierungen, soweit es ihre Interessen erlauben, die Souveränität anderer Staaten. Aber obgleich Respekt vor der staatlichen Souveränität als Grundsatz weltweit Anerkennung findet, wird der Grundsatz in Wirklichkeit, entsprechend den großen Machtdifferenzen zwischen Staaten, immer wieder mißachtet und durchbrochen. Weniger mächtige Staaten haben oft nur eine begrenzte Souveränität. Auch die wachsende wirtschaftliche Verflechtung der Staaten setzt der

Unabhängigkeit jedes einzelnen von ihnen Grenzen. Den relativ höchsten Grad von Unabhängigkeit, von »Souveränität«, und so auch den größten Entscheidungsspielraum besitzen die führenden Militärstaaten an der Spitze der Staatenhierarchie.

Mit dieser Einsicht nähert man sich dem Kern des Problems der gegenwärtigen Kriegsgefahr. Die Fortschritte der Waffentechnik haben auch in dieser Hinsicht eine einzigartige Situation geschaffen. Die Regierungen der beiden Hegemonialmächte können heute Aktionen beschließen, durch die sie nicht nur einander mit weitgehender Zerstörung und vielleicht mit dem Untergang bedrohen – das, so könnte man sagen, sei ihre Sache. Der Karthager Hannibal bedrohte Rom, und die siegreichen Römer zerstörten Karthago und verkauften die überlebende Bevölkerung als Sklaven. Aber der Zerstörungsradius der Kernwaffen läßt sich nicht lokalisieren. Die beiden Regierungen, die der Sowjetunion und der Vereinigten Staaten, haben es in der Hand, Entscheidungen zu treffen, die das Schicksal der ganzen Menschheit oder jedenfalls beträchtlicher Teile der Menschheit in Mitleidenschaft ziehen. Und die von der Gefahr Mitbetroffenen können bei ihrer heutigen Organisation diese Entscheidungen kaum beeinflussen. Im Namen der staatlichen Souveränität nehmen diese beiden Regierungen, vielleicht in Übereinstimmung mit großen Teilen der Bevölkerung ihrer Staaten, für sich das Recht in Anspruch, Entscheidungen zu treffen, von denen nicht nur das Wohl und Wehe ihrer eigenen Bevölkerung, sondern auch das vieler anderer Staaten und vielleicht das der Erde als Wohnplatz der Menschen abhängt.

Man könnte sich denken, daß nach dem nächsten

Kriege – immer unter der Voraussetzung, daß genügend hochorganisierte Menschengruppen überleben – das Problem, auf das man hier stößt, klarer zu erkennen und leichter zu lösen sein wird, als es gegenwärtig, also vor dem Kriege, der Fall ist. Die nun erreichte Entwicklung der Waffentechnik hat eine Situation hervorgebracht, die mit dem herkömmlichen souveränen Recht von Staaten, für sich allein über Krieg und Frieden zu entscheiden, nicht mehr vereinbar ist. Deswegen habe ich vorher das Problem der Schaffung von übernationalen und überparteilichen Körperschaften erwähnt, die – vielleicht von der Weltmeinung gestützt – beratend und schlichtend den hilflos in ihre Gegnerschaft und in ein Wettrüsten verstrickten Militärmächten an die Hand gehen können, wenn die Regierungen der beiden Staaten selbst keinen Ausweg aus ihrem eingefrorenen Clinch finden.

Zu Boxern im Clinch tritt der Schiedsrichter und löst sie voneinander. Im Namen ihrer Souveränität fügen sich die beiden Supermächte keinem Schiedsrichter, und es mag wohl sein, daß der Hegemonialrausch ihren führenden Männern die Ohren verschließt. Aber vielleicht ist es doch schon an der Zeit, die Forderung zu erheben, daß die beiden Hegemonialmächte, wenn sie in direkten Verhandlungen nicht zur De-Eskalierung ihres Wettrüstens, zur Entspannung ihres die Menschheit bedrohenden kalten Krieges fähig sind, sich der Hilfe einer beratenden neutralen Körperschaft bedienen. Und vielleicht ist es an der Zeit, darüber nachzudenken, wie eine solche in striktem Sinne unparteiliche Körperschaft aussehen soll und wie man ihr genügend Rückhalt in der öffentlichen Meinung der Menschheit zu geben vermag. Warum soll man mit der Vorbereitung einer solchen Institution bis nach dem Kriege warten? Wenn die beiden Riesen nicht selbst in der Lage sind, den eingefrorenen Clinch, in den sie sich verstrickt haben, zu lösen, dann sollten sie wenigstens genug Einsicht haben, die Hilfe außenstehender Berater heranzuziehen. Die Gefahr, die sie beide für die Menschheit bedeuten, ist sonst zu groß.

Menschen sind nicht in der Lage, den Tod abzuschaffen. Aber sie sind ganz gewiß in der Lage, das gegenseitige Töten abzuschaffen.

15

Ich habe davon gesprochen, daß der gegenwärtige Konflikt zwischen zwei großen Militärmächten an der Spitze einer Hierarchie von Staaten neben vielen Gemeinsamkeiten mit den früheren Vormachtkämpfen dieser Art auch bestimmte Struktureigentümlichkeiten besitzt, die einzigartig sind. Zu diesen Einzigartigkeiten gehört die Tatsache, daß der Krieg, auf den die gegenwärtig ineinander verstrickten Supermächte zutreiben, wenn er kommt, einen zerstörerischen Charakter von größerem Ausmaß hat als irgendein früherer Endkampf der jeweilig stärksten Militärmächte.

In den vorangehenden Fällen lassen sich, wie gesagt, zwei wiederkehrende Ausgangsformen eines solchen Entscheidungskampfes beobachten. Der Kampf bleibt in dem einen Falle, dem man immer wieder begegnet, insofern unentschieden, als es keiner der beiden Spitzenmächte gelingt, die effektive Hegemonie über die gesamte Staatengruppe zu gewinnen und so die gesamte

Gruppe von Staaten als Mitglieder oder Untertanen eines Staates höherer Ordnung, eines Einheitsstaates, unter Führung der siegreichen Hegemonialmacht zu integrieren. Der Vormachtkampf zwischen Athen und Sparta ist ein Beispiel für einen unentschiedenen Ausgang eines solchen Kampfes, der Roms für den mehr als 400 Jahre dauernden Aufstieg einer Hegemonialmacht. Auch die Ausscheidungskämpfe der deutschen Staaten hatten viele Jahrhunderte lang den Charakter einer multipolaren Staatenbalance. Zwar standen formell die Kaiser an der Spitze, aber die wirkliche Macht lag in den Händen der vielen Landesfürsten und freien Reichsstädte, bis sich dann Preußen in einer ganzen Reihe von Ausscheidungskämpfen, oft genug am Rande des Absturzes, zur Hegemonialmacht heraufarbeitete und als Hegemonialmacht die verschiedenen ehemals selbständigen deutschen Staaten in einem Einheitsstaate zusammenfaßte – unter Verzicht auf das Habsburgerreich, das sich, vielgestaltig wie es war, nicht leicht in einen solchen deutschen Einheitsstaat einfügen ließ.

Es lohnt sich, einmal darüber nachzudenken, welche Möglichkeiten am Ausgang eines Hegemonialkampfes auf der gegenwärtigen Ebene dem Sieger offenstehen, ob es nun einer der beiden Beteiligten, also entweder Rußland oder Amerika, ist oder – wenn diese beiden Staaten, wie zu erwarten, sich gegenseitig zu sehr geschwächt haben – einer der möglicherweise unbeteiligten Staaten, also zum Beispiel China. Ist es wahrscheinlich, daß eine siegreiche Sowjetunion oder die siegreichen Vereinigten Staaten oder ein unbeteiligtes China nun zur Vormacht eines die große Mehrheit aller Staaten umfassenden Weltreiches aufsteigen und als solche, ähnlich der Pax Romana, nun die Pax Sovietica, Americana oder Sinica herbeiführen könnten?

Die Antwort auf diese Frage ist deswegen nicht einfach, weil man auch hier findet, daß die Aufgabe, die sich auf der gegenwärtigen Stufe einer führenden Vormacht nach Ausschaltung aller möglichen Konkurrenten stellt, in bestimmter Hinsicht von analogen Aufgaben auf allen früheren Stufen verschieden ist. Gegenwärtig wäre es die Aufgabe einer Hegemonialmacht, sich die effektive Herrschaft über alle Staaten der Welt zu sichern und sie so, aufgrund ihrer Übermacht, zu einem einheitlichen Weltstaat zusammenzuschließen. Das wäre dann tatsächlich ein Imperium Mundi, sei es sowjetischer, sei es amerikanischer, sei es auch chinesischer Prägung.

Es ist nicht allzu gewagt anzunehmen, daß sich in den nächsten zwei Jahrhunderten – mit oder ohne Krieg – die Notwendigkeit verstärken wird, weltstaatliche Institutionen zu entwickeln, für die Völkerbund und Vereinte Nationen als Vorformen zu betrachten sind. Wenn man sich die Gesamtfiguration der Staaten auf dieser Erde genauer ansieht, dann erscheint es als ziemlich unwahrscheinlich, daß ein einzelner Staat je in der Lage sein kann, die Staaten der Welt in einem Einheitsstaat unter seine Herrschaft zu zwingen. Ich will zunächst einmal nur kurz andeuten, daß meiner Meinung nach die Machtpotentiale eines einzelnen Staates – selbst die des volkreichsten Staates, Chinas, auf der Stufe eines vollentwickelten Industriestaates – nicht ausreichen würden, um ein effektives und dauerhaftes Imperium Mundi, eine Weltherrschaft eines einzelnen Staates oder einer Staatengruppe zu etablieren und die Befriedung der Menschheit, die Abschaffung der traditionellen Institution des

Krieges, in der römischen Manier durch die überwältigend große Kriegsmacht eines einzelnen Staates und seiner Bundesgenossen herbeizuführen. Die Figuration der Menschheit, das will ich damit sagen, bietet einer globalen Befriedung in der weitaus häufigsten traditionellen Form der Pazifizierung von ehemals unabhängigen und oft feindlichen Menschengruppen, nämlich durch die monopolartige militärische Übermacht einer einzelnen Menschengruppe, kaum eine Chance. Gewiß, bestimmte Aspekte der technischen Entwicklung, etwa die monopolistische Entwicklung von Weltraumfahrten und -siedlungen, leisten Entwicklungstendenzen in der Richtung auf eine kriegerische Hegemonie Vorschub. Aber das Netzwerk der Menschheit ist zu weit gespannt und die Zahl der an Unabhängigkeit gewöhnten Staaten, groß und klein, zu beträchtlich, um einem einzelnen Staat oder auch einer einzelnen Staatengruppe eine gute Chance für eine einigermaßen dauerhafte militärisch-ökonomische Hegemonie über die ganze Menschheit zu geben. Die Bedeutung der nationalen Verschiedenheiten für das Identitätsgefühl der Menschen, die alle diese Staaten bilden, ist zu tief verwurzelt, als daß sie insgesamt auf die Dauer die Oberherrschaft eines einzelnen Staates, und so auch einer einzelnen Kultur, ohne immer von neuem einsetzende Widerstandsbewegungen ertragen könnten.

Wohlverstanden, ich spreche hier nicht davon, ob eine Befriedung der Menschheit aufgrund der militärisch-ökonomischen Hegemonie eines einzelnen Staates wünschenswert sei. Ich beschränke mich lediglich auf die Untersuchung der tatsächlichen Machtpotentiale der Staaten und finde, daß die Chance für dasjenige Übergewicht der Machtmittel, dessen ein einzelner Staat zur Errichtung einer dauerhaften Hegemonie über alle anderen Staaten bedürfte, gering ist. Auch in dieser Hinsicht befinden wir uns gegenwärtig in einer einzigartigen Situation.

16

Die Dynamik der Konstellation, die die jeweils stärksten Militärmächte einer Staatengruppe gegeneinander treibt und die also dem Sieger in diesem Ausscheidungskampfe eine Hegemonialstellung innerhalb der ganzen Staatengruppe verspricht, ist heute nicht geringer, und das Hegemonialfieber, die berauschende Vorstellung, daß das eigene Volk das stärkste, reichste, angesehenste Volk der ganzen Staatengruppe werden könne, ist für die beiden Hegemoniekandidaten der gegenwärtigen Entwicklungsstufe offenbar nicht weniger verlockend, als das bei analogen Hegemonialkämpfen auf früheren Entwicklungsstufen der Menschheit der Fall war. Ich habe vom Hegemonialrausch Alexanders des Großen gesprochen. Ich habe auf die Serie von Kriegen verwiesen, in deren Verlauf sich die Römer zur Hegemonialmacht der Mittelmeerländer heraufarbeiteten. Ich hätte auf die Serie von Kämpfen hinweisen können, in deren Verlauf sich die kleinen Könige von Paris langsam zu Herren der mannigfachen, zuvor selbständigen Gebiete heraufarbeiteten, die heute das geeinte und im Inneren pazifizierte Frankreich bilden; oder auf den Aufstieg Englands zur Vormacht über die gesamten britischen Inseln, zeitweilig mit Einschluß des heute unabhängigen Staates Irland. Es liegt nahe, an den Vormachtkampf der spät geeinten Deutschen und an den Hegemonialrausch der Kaiser- und der Hitlerzeit zu denken. Wie gesagt, die Dynamik der Figuration, die heute die Sowjetunion und die Vereinigten Staaten, jeden zur Wahrung der eigenen Sicherheit, gegeneinander und so, ob sie es wissen oder nicht, zum kriegerischen Entscheidungskampf um eine monopolistische Vormachtstellung unter den Staaten der Welt hin drängt, ist nicht weniger stark als in den vielen analogen Hegemonialkämpfen früherer Zeiten.

Sicherlich ist das Bewußtsein, daß dem Sieger in einem solchen Ausscheidungskampfe der hohe Preis einer Hegemonialstellung über die Staaten der Welt winken würde, in beiden Fällen durch das Wissen um das furchtbare Risiko eines Kernwaffenkrieges ein wenig getrübt. Aber das Verlangen beider Seiten, militärisch stärker zu sein als der Rivale und damit de facto, militärisch und sozial, der führende, der modellsetzende Staat der Erde zu werden, ist doch in beiden Fällen deutlich spürbar.

Wie in anderen Fällen findet dieses Verlangen seinen Ausdruck in dem Glauben an die eigene weltweite Mission. Auf früheren Stufen, auch davon war oben schon die Rede, war es oft der Glaube an die eigene Mission für die Ausbreitung oder Vorherrschaft einer übernatürlichen Religion, der sich mit dem Drang zur Ausbreitung der eigenen Herrschaft verband. Napoleons Antritt zum Hegemonialkampf vollzog sich unter der Flagge der Ausbreitung der Revolutionsziele, dann später auch im Namen des französischen Vaterlandes, seiner zivilisatorischen Aufgabe und seines Ruhmes. Im Falle Hitlers vollzog er sich im Namen der eigenen Rasse. Die Hegemonialmächte des späten 20. Jahrhunderts legitimieren ihren Kampf um die Vormacht über die Menschheit durch ihre Mission für die Ausbreitung einer bestimmten Gesellschaftsordnung, der kapitalistischen auf der einen, der kommunistischen auf der anderen Seite.

Als in Rußland nach einer Revolution eine Gruppe von Parteipolitikern ans Ruder kam, der die Gesellschaftslehre von Marx als Orientierungsmittel diente, änderte diese Lehre ihre Funktion. Die Lehre von Marx sagte voraus, daß die sozialen Konflikte zwischen industriellen Unternehmern und Industriearbeitern früher oder später in der ganzen Welt mit dem Sieg und der zeitweiligen Diktatur der Arbeiterschaft enden würden. Die Lehre erweckte die Hoffnung auf das unausweichliche Kommen einer klassenlosen Gesellschaft und schließlich einer Menschheit ohne Reiche und Arme, ohne Ausbeuter und Ausgebeutete. Marx' Doktrin von dem Endsieg des Kommunismus in aller Welt, genau wie die gegnerische Doktrin des klassischen ökonomischen Liberalismus, zeigte eine eigentümliche theoretische Blindheit gegenüber der Eigenfunktion des Staates und den spezifischen Machtquellen einer Staatsregierung. Diese Gemeinsamkeit der beiden industriellen Klassen im 19. Jahrhundert, und vielleicht auch noch im 20., läßt sich leicht verstehen. Vom Gesichtspunkt der Arbeiter aus war im 19. Jahrhundert der Staat nichts anderes als ein Bundesgenosse der Unternehmer; vom Gesichtspunkt der Unternehmer aus griff der Staat, also vor allem die Regierung durch ihre Verordnungen, oft nur störend und ohne Verständnis in den Ablauf der ökonomischen Prozesse ein.

Im Zuge der russischen Revolution fanden sich Parteipolitiker, deren hauptsächliches theoretisches Orientierungsmittel eine Theorie ohne Verständnis für die Eigenfunktion eines Staates und seiner Regierung war, in die Position von Regierungsmitgliedern und Staatsvertretern versetzt. Sie bekamen am eigenen Leibe die Eigengesetzlichkeiten der staatlichen und besonders der Regierungsfunktionen zu spüren – Eigengesetzlichkeiten, die sich nicht auf ökonomische Funktionen reduzieren ließen – und lernten in der Praxis schnell genug, die innen- und außenpolitischen Instrumente der Staatsgewalt zu gebrauchen. Aber sie konnten die Grundstrukturen der ihre Revolution legitimierenden Gesellschaftslehre, die von Marx entworfen, von Lenin weitergebildet worden war, nicht ändern.

Diese Grundstrukturen waren ökonomistisch, auf Klassenbeziehungen abgestellt. Während in der Praxis die Staatsregierung und besonders die Handhabung des Monopols der physischen Gewalt, verkörpert durch Militär und Polizei, einen bestimmenden Einfluß auf die Entwicklung des kommunistischen Staates hatten, hielt man zugleich an dem orthodoxen Glauben fest, daß die Regierung nur eine Überbaufunktion besitze, also vor allem eine Schutzfunktion für eine ausbeutende Klasse. Während der von den revolutionären Parteipolitikern eroberte Staat unvermeidlicherweise in die Strudel der zwischenstaatlichen Machtpolitik hineingeriet, erschien das entsprechend der theoretischen Orientierung lediglich als eine Fortsetzung des Klassenkampfes. Während in der Praxis aus der zunächst vielleicht angestrebten Diktatur der Arbeiterklasse längst eine Diktatur der kommunistischen Partei geworden war, blieben die theoretischen Orientierungsmittel weitgehend unverändert auf der von Marx und Lenin repräsentierten Entwicklungsstufe stehen. Die Diktatur des Proletariats, so war auf dieser Stufe vorgesehen, werde verschwinden, wenn der Kapitalismus endgültig, also in allen Ländern besiegt sei. Und so verteidigte man die Diktatur der Partei, und vor allem der Parteispitze, mit dem Hinweis auf die Notwendigkeit, den sowjetischen Staat gegen die Angriffe der Länder zu sichern, in denen der Kapitalismus noch fortbestand, in denen die zu erwartende Revolution sich noch nicht vollzogen hatte.

Die Marxsche Lehre wurde so, wie man sieht, auf eigentümliche Weise umfunktioniert. Die Vorstellung vom innerstaatlichen Übergang zu einer kommunistischen Gesellschaftsordnung, der nach Marx aufgrund einer inneren Gesetzmäßigkeit des Kapitalismus in allen kapitalistischen Ländern zu erwarten war, wurde nun zu einer in hohem Maße von dem Interesse des eigenen Staates bestimmten Waffe der sowjetischen Außenpolitik. Wie andere Staaten zuvor, wurde auch der kommunistische Staat in den Hegemonialkampf hineingerissen. Die Marxsche Prophezeiung von der Weltrevolution kam ihm dabei zustatten. Aber auch sie wurde umfunktioniert, wahrscheinlich ohne daß man sich dessen ganz bewußt war. Sie bedeutete in der Praxis nun die Ausdehnung der Vorherrschaft eines Staates – der Sowjetunion.

Die Tatsache, daß die Marxsche Verheißung einer erfolgreichen Revolution für die Arbeiterklasse aller Länder eine Zeitlang eine neue Funktion gewann – die Funktion der Verheißung für die revolutionäre Sowjetunion und besonders für deren Hegemonialland, die russische Sowjetrepublik, daß sie zur Vormacht aller revolutionären Staaten der Welt bestimmt sei –, spielte ganz gewiß bei dem schwelenden Konflikt zwischen Rußland und Amerika eine gewichtige Rolle. Sie erweckte den Eindruck, und sie erweckt ihn bis zu einem gewissen Grad noch heute, daß der Führung der russischen kommunistischen Partei die Idee von einer Vormachtstellung der Sowjetunion unter den Staaten der Welt nicht ganz fremd sei. Gegenwärtig betonen die Sprecher der Sowjetunion wieder und wieder ihren Wunsch nach Gleichheit und Koexistenz mit den Vereinigten Staaten. Das ist hoffnungsvoll. Es ist der richtige Weg. Aber es läßt sich nicht so schnell vergessen, daß die Sowjetunion bis vor kurzem nicht Gleichheit und Koexistenz mit der kapitalistischen Welt propagierte, sondern deren Untergang. Die Verheißung von der kommenden Revolution in allen kapitalistischen Staaten, und so von deren Gleichschaltung mit Rußland, war gewiß nicht die Ursache für die oft erbitterte Gegnerschaft zwischen den beiden Supermächten und für die Eskalation der Rüstungen, für das Wettrüsten. Aber die offensive Propaganda, die aggressive sowjetische Glaubensdoktrin trug ohne Zweifel sehr viel zur Verschärfung des Hegemonialkampfes mit den Vereinigten Staaten bei.

Eine amerikanische Regierung versucht nun, Gleiches mit Gleichem zu vergelten. Sie bedient sich nun ebenfalls einer offensiven Glaubensdoktrin, die für das etwas verschönte wirtschaftliche und politische System der Vereinigten Staaten Weltgeltung fordert. Bis vor kurzem fehlte es den kapitalistischen Staaten unter Führung Amerikas an einer universellen menschlichen Note. In jüngster Zeit hat das menschlich etwas dürre kapitalistische Glaubensbekenntnis durch den Einsatz seiner Vertreter für die Menschenrechte in aller Welt ein wenig an Menschlichkeit und Schlagkraft gewonnen.

Es ist schön, daß die Forderung nach Beachtung der elementaren Menschenrechte heute mehr Gehör findet. Das bedeutet eine Stärkung des menschlichen Gewissens, des Mitgefühls der Menschen mit anderen Menschen, das in Deutschland unter der Naziherrschaft zeitweilig ganz verschwunden war. Auch heute ist von diesem elementaren menschlichen Mitgefühl mit anderen Menschen, und gewiß auch mit den Gegnern, in den Folterkammern und Arbeitslagern der vielen Diktaturen nichts zu spüren. Es ist ermutigend, daß die Regierung eines so starken Militärstaates, wie es die USA sind, sich mit großer Entschiedenheit für die Menschenrechte einsetzt. Aber ähnlich wie die Parole des Kampfes für die menschliche Gleichheit und gegen Unterdrückung in der sowjetischen Propaganda im wesentlichen für den Export bestimmt ist, so ist wohl auch der Einsatz der amerikanischen Regierung für die Menschenrechte vor allem für den Export bestimmt. So ernst diese Zielsetzung auch zu nehmen ist, man kann sich des Verdachtes nicht erwehren, daß sie von dieser Regierung vor allem zur Festigung ihres Anspruchs auf eine Vormachtstellung unter den Staaten der Erde gebraucht wird.

17

Zwei Mächte kämpfen also gegenwärtig miteinander um die Vormacht auf globaler Ebene, und zwar zunächst noch mit relativ friedlichen Mitteln. Ich glaube aus guten

Gründen, daß diese Anstalten, für eine einzelne Macht eine Hegemonialstellung unter den Staaten der Erde zu erringen, zwar vorübergehend, aber nie auf die Dauer erfolgreich sein können. Versuche, einen von Rußland, von Amerika, von China oder von wem auch immer beherrschten Weltstaat, also ein Imperium Romanum auf globaler Ebene zu begründen, können vielleicht kurzfristig gelingen, aber sie sind langfristig ohne jeden Zweifel zum Scheitern verurteilt. Es ist wichtig, das deutlich auszusprechen, denn es wäre sehr unheilvoll, wenn irgendeine Macht den Versuch zu einer solchen Weltherrschaft unternehmen wollte. Gegenwärtig, so scheint es, sind weder die führenden Männer der Sowjetunion noch die führenden Männer der Vereinigten Staaten immun gegenüber Attacken des Hegemonialfiebers. Sie sind nicht gefeit gegen die Verlockung durch das Hochgefühl: »Wir wollen, wir müssen die stärkste Macht der Erde werden!«, oder gar: »Wir sind die stärkste Macht der Menschheit.«

Ich bitte Sie noch einmal, mich nicht mißzuverstehen. Ich rede hier nicht von meinen Wünschen. Es ist richtig, daß ich selbst mich in einer Welt, in der ein Staat oder eine Staatengruppe die ganze Menschheit beherrschte, nicht wohlfühlen würde. Immerhin könnte man erwägen, ob die Vorherrschaft eines Staates, der mächtiger ist als alle anderen, ein zu hoher Preis für die Befriedung der Menschheit, also für die Abschaffung der Kriege als einer stehenden Einrichtung im zwischenstaatlichen Verkehr wäre. Man könnte ja sagen, wenn ein einzelner Staat ein solches militärisches Übergewicht über alle anderen Staaten gewänne, daß er auf globaler Ebene de facto ein Monopol der physischen Gewalt besäße, daß sein Heer als eine Art von Weltpolizei jeden weiteren Staat daran hindern könnte, seine eigene militärische Organisation bei Konflikten mit anderen einzusetzen, wenn dieser Staat also so stark würde, daß er in der Tat die Pazifizierung der Menschheit, ihre Befreiung von Kriegen, zustande brächte, dann lohnte es sich, dafür den Preis der Unterordnung unter einen Hegemonialstaat und des Ertragens der in solchen Fällen immer wieder auftretenden Hoffart des Hegemonialvolkes wenigstens eine Zeitlang zu bezahlen. Es ist ja ganz üblich, daß ein Volk, das militärisch und wirtschaftlich mächtiger ist als andere, ein Selbstbild des Hochmuts entwickelt. Es erscheint seinen Angehörigen dann gewöhnlich so, als ob sie gleichsam von Natur besser, also höherwertig seien als alle anderen Völker. Noch einmal, ich wünsche mir nicht, und ich wünsche Ihnen nicht, in einer Welt mit einer so gearteten Menschheitsstruktur zu leben.

Aber wenn ich zuvor sagte, ich hielte es für sehr unwahrscheinlich, daß ein einzelner Staat eine effektive Hegemonie über alle anderen Staaten der Welt für sich gewinnen könne, dann sagte ich das nicht, weil ich es nicht wünsche. Ich sprach und ich spreche zu Ihnen als Soziologe, der Probleme der menschlichen Gesellschaft untersucht in der gleichen Art und mit der gleichen Haltung, mit der ein Arzt Diagnosen über den Gesundheitszustand eines Menschen zu stellen sucht. Wenn sich der Arzt bei einer solchen Diagnose von seinen Wünschen beeinflussen läßt, ist die Diagnose nichts wert, eine Fehldiagnose wahrscheinlich. Das gleiche gilt von einer soziologischen Diagnose.

Ich habe in diesem Sinne, also rein diagnostisch, bereits darauf hingewiesen, daß die gesellschaftliche Figuration der Menschheit, vor allem deren Aufteilung in mehr als 150 größere und kleinere Staaten, von denen viele eine ausgeprägte nationale Eigentradition, einen persönlichen nationalen Habitus besitzen, die permanente Hegemonie eines einzelnen Staates unwahrscheinlich macht. Schon die beiden Weltkriege, in denen Deutschland seinen Anspruch auf eine Vormachtstellung in Europa durch einen militärischen Sieg zu realisieren suchte, scheiterten letzten Endes daran, daß die Machtpotentiale Deutschlands nicht ausreichten, um den vereinten Machtmitteln Frankreichs, Englands und Amerikas, und im Zweiten Weltkrieg auch der Sowjetunion, Paroli zu bieten. Ich sehe keinen einzelnen Staat in der Welt, dessen Machtmittel ausreichen, um ihm auch gegenüber einem Bündnis einer beträchtlichen Anzahl weniger starker Staaten die Vorherrschaft zu sichern. Überdies führt der Weg zu der Hegemonialstellung einer einzelnen Macht, wie die Dinge nun einmal liegen, ganz sicher über einen Kernwaffenkrieg und vielleicht zu einem Zyklus von Gewalttätigkeiten in dessen Gefolge.

Um diese Situation zu verstehen, ist es durchaus nicht nötig zu unterstellen, daß die Regierungen der gegenwärtigen Aspiranten für eine Welthegemonie sich unverhohlen und ganz ausdrücklich das Ziel setzen, sei es durch nicht-kriegerische Strategien, sei es durch einen Krieg eine globale Vormachtstellung zu gewinnen. Ich konstatiere lediglich, daß die Situation, in der sie sich befinden, beide in diese Richtung drängt. Um Sicherheit zu gewinnen, erhöht jede der beiden Hegemonialmächte ständig ihr militärisches Potential. Das Wachstum dieses Potentials entfernt sie mehr und mehr aus dem Konkurrenzbereich aller anderen Staaten, die damit ins Hintertreffen geraten. Zugleich suchen die beiden Hegemonialmächte selbst einander im Wettrüsten zu übertrumpfen. Das ist es, was ich meine, wenn ich sage, sie werden beide durch die Zwangsläufigkeit ihrer Position auf eine Hegemonialstellung hingedrängt. Ich versuche, die volle Paradoxie dieser Situation sichtbar zu machen und auch deren Gefährlichkeit, wenn ich feststelle, daß beide Staaten durch eine Zwangssituation zur Übernahme einer globalen Hegemonie gedrängt werden, während die Chance, daß ein einzelner Staat eine effektive und dauernde Hegemonie über alle anderen Staaten auszuüben vermag, sehr gering ist.

Auf früheren Stufen der Staatenentwicklung verhielt es sich damit, wie erwähnt, manchmal anders. Die Briten zum Beispiel haben im Laufe von vier oder fünf Jahrhunderten eine von England ausgehende Integration der auf den britischen Inseln lebenden Völker erreicht. England wurde zur Hegemonialmacht, Englisch zur Einheitssprache der Inseln. Keltische Dialekte überlebten hier und da. Das schottische, das walisische Eigenbewußtsein aber schwächte sich, nicht zuletzt im Zusammenhang mit der Beteiligung an den Belohnungen des britischen Weltreiches. Die eigene Tradition der Iren, zum Teil unter dem Einfluß der eigenen Religion, setzte der englischen Integrationsbewegung auch nach mehreren Jahrhunderten eine Grenze. Das ist eines von vielen Beispielen für langdauernde Assimilations- und Integrationsprozesse.

Der kurze Blick auf den fast gelungenen Prozeß der Integration durch ein älteres Hegemonialland macht den Integrationsprozeß unter der Ägide einer gegenwärtig aufsteigenden Hegemonialmacht, der noch nicht gelungen ist, aber vielleicht gelingen kann, verständlicher. Ich beobachte mit gespannter Aufmerksamkeit die Bemühungen Sowjetrußlands um Integration, man könnte vielleicht sagen: um Russifizierung der verschiedenen Völker der Sowjetunion und darüber hinaus – noch zögernd – des östlichen Staatenblocks. Damit ist durchaus nicht impliziert, daß die Führer der Sowjetunion selbst diesen Vorgang als einen Assimilations- und Integrationsprozeß verstehen. Unter dem Einfluß einer Theorie Stalins, die die Eigenständigkeit der Nationen betont, mögen sie selbst sich der langfristigen Dynamik solcher Staatsbildungsprozesse nicht bewußt sein. Eine Integration der Völker der Sowjetunion, die im Laufe der Jahrhunderte fortschreitet, bis sie unwiderruflich wird, liegt jedenfalls im Bereich des Möglichen. Auch die Russifizierung Bulgariens ist vorstellbar, schwerer vorstellbar allerdings die Rumäniens, Ungarns oder Polens.

Aber kann man sich vorstellen, daß die Sowjetunion – wenn man einmal die illusorische Annahme macht, einer der Kriegsbeteiligten könne als Sieger aus einem möglichen Kriege der Zukunft hervorgehen – als Sieger nun in der Lage wäre, in allen Ländern der Erde kommunistische Parteien zur Herrschaft zu bringen? Wäre es wahrscheinlich, daß die Sowjetunion dann auch imstande wäre, das Eigenbewußtsein der von ihr beherrschten Völker über die ganze Erde hin, der Inder und Chinesen, der Senegalesen und der Nigerianer, der Engländer, Italiener und Franzosen, der Brasilianer und Argentinier, in absehbarer Zeit so durch Assimilation zu schwächen, daß sie aufhören würden, die russische Vormachtstellung in der Welt als Fremdherrschaft zu empfinden? Kann man sich denken, daß selbst eine indirekte Vorherrschaft der Sowjetunion über die Staaten der Welt durch die Vermittlung einheimischer Parteivorsitzender an der Spitze einer das ganze Land durchziehenden Parteihierarchie für die vielen Staaten mit ihrem ausgeprägten nationalen Profil auf die Dauer erträglich wäre, ohne immer von neuem den heftigsten Widerstand zu erregen? Aber wenn die Möglichkeit einer kommunistischen Parteiherrschaft in allen Staaten der Welt, selbst unter der Vorherrschaft eines das ganze Europa mitumfassenden Sowjetreiches, unwahrscheinlich ist und in der Tat immer erneute Gegenbewegungen der unterdrückten Völker wahrscheinlich macht, wozu der Sieg? Und wozu dann überhaupt der Krieg? Könnte die Sowjetunion von derart erweiterten Grenzen wirklich größere Sicherheit erwarten? Wäre nicht zu erwarten, daß für Jahrhunderte hin immer von neuem Widerstandskämpfe unassimilierbarer Völker aufflackern und die Kräfte des Hegemoniallandes aufzehren würden?

Und das gleiche gilt für eine weltweite Vorherrschaft der Vereinigten Staaten von Amerika. Eine erhebliche Assimilationsarbeit steht ihnen bereits heute bevor, wo es lediglich darum geht, die vielen Einwanderergruppen im Innern des Staates zu absorbieren. Es ist noch nicht einmal vorauszusehen, ob die englisch sprechende Bevölkerung der Vereinigten Staaten in der Lage sein wird, die spanisch sprechende Bevölkerung zu absorbieren, oder ob sich die spanische Sprache in den USA als zweite Sprache etablieren wird, im Verein mit Elementen der lateinamerikanischen Kulturtradition. Gehen wir auch in diesem Fall einmal von der illusorischen Vorstellung aus, einer der beiden feindlichen Vormachtstaaten der gegenwärtigen Welt, die Vereinigten Staaten, könnte nach einem Kernwaffenkrieg als Sieger dastehen. Dann wäre auch dieser Staat in der Lage, durch Beispiel oder durch Druck dafür zu sorgen, daß in allen Staaten der Welt politische und ökonomische Einrichtungen geschaffen würden, die den Idealen der herrschenden amerikanischen Gruppen entsprechen, also vor allem parlamentarische Regierungsformen und eine freie Marktwirtschaft. Wenn es der diktatorischen Sowjetunion zur Not vielleicht für kurze Zeit gelingen könnte, alle Staaten der Welt unter polizeilich-militärischer Überwachung zu halten und damit vorübergehend ein Gewaltmonopol, einen Einheitsstaat über die Erde hin zu begründen, so ist doch für ein parlamentarisch regiertes Land eine solche Aufgabe kaum lösbar. Man kann die Möglichkeit nicht ausschließen, daß sich die Vereinigten Staaten, wie einst Rom, unter dem Druck einer weltherrschaftlichen Aufgabe aus einer oligarchisch regierten Republik in ein diktatorisch regiertes Land, möglicherweise in eine Präsidialdiktatur verwandeln würden. Aber wie immer auch ihre Regierungsform sein mag, das militärische, ökonomische und Bevölkerungspotential der USA reicht noch weniger als das der Sowjetunion dazu aus, eine effektive Pax Americana, einen von einem einzigen Zentrum her regierten globalen Einheitsstaat zu schaffen, der die ganze vielgestaltige Menschheit umfaßt, und die Rolle des Polizisten der Menschheit zu übernehmen.

18

Was ich durch solche Gedankenexperimente zu veranschaulichen suche, ist dies: Auf allen früheren Stufen der Menschheitsentwicklung war es möglich, daß der Sieger in einem Hegemonialkampf die effektive Integration von kleineren, zuvor autonomen Überlebenseinheiten im Rahmen einer umfassenderen Herrschaftsorganisation herbeiführte, und das war in der Tat in zahlreichen Fällen der Weg, auf dem eine Vielheit kleinerer Stämme sich in größere Stämme oder auch in Staaten, eine Vielheit kleinerer Staaten sich in einen größeren Staat verwandelte. Aber der Zusammenschluß und so auch die Befriedung der Menschheit läßt sich nicht auf diese Weise – durch einen Krieg – bewerkstelligen. Viele vergangene Kriege waren Hegemonialkriege. Was immer die kurzfristigen Ziele der Kriegführenden selber waren, diese Kriege hatten oft die Integration und so auch die Befriedung jeweils größerer Gebiete zur Folge. Die Menschen in ihrer unvermeidlichen Blindheit kannten bislang nur selten einen anderen Weg als den der kriegerischen Auseinandersetzung, um den Frieden über größere Gebiete hin herbeizuführen. Diese lange Tradition lebt bis heute. Einrichtungen wie etwa die der stehenden Heere und ein ganzer Komplex herkömmlicher Orientierungsmittel, die immer von neuem zu kriegerischen Auseinandersetzungen zwischen Staaten drängen, weisen darauf hin.

Aber nun stehen wir, die Menschheit – ich wiederhole es –, vor einem einzigartigen Problem. Es ist von den Problemen, die sich den Menschen auf früheren Entwicklungsstufen stellten, in bestimmter Hinsicht verschieden. Früher ging es immer um den Zusammenschluß und gewöhnlich auch die Befriedung von Teilverbänden der Menschheit. Nun haben wir eine Stufe erreicht, auf der es um den Zusammenschluß und die Befriedung auf globaler Ebene, also der ganzen Menschheit geht. Diese Aufgabe aber läßt sich nicht mehr in der herkömmlichen Weise, mit den traditionellen Institutionen und Denkweisen bewältigen, die zum guten Teil aus der Epoche der Fürstenstaaten stammen. Die Paradoxie dieser neuen Lage beruht darauf, daß die Menschheit aufgrund der Entfernungen früherer Tage außerordentlich vielgestaltig geworden ist und daß sie zugleich aufgrund des gegenwärtigen Schrumpfens der Entfernungen, und der immer länger werdenden, immer dichter und fester gespannten Interdependenzketten, in allen ihren Teilen bis in die entferntesten Winkel der Erde ganz eng geworden, ganz nahe aneinandergerückt ist. Die beiden Großmächte der heutigen Menschheit rüsten um die Wette, als ob es für sie, wie für Großmächte früherer Zeiten, noch die Möglichkeit eines Sieges und so durch Einverleibung von Gebieten oder Bevölkerungsgruppen des besiegten Gegners noch die Möglichkeit gäbe, größere Sicherheit für ihr Kerngebiet zu erlangen. Aber die Vorstellung, man könne, wie manchmal in früheren Perioden, durch einen Krieg größere Sicherheit erlangen, ist illusorisch. Wenn man so denkt und dementsprechend auch so handelt, dann sucht man ganz einfach eine neue Situation mit veralteten Denkmitteln zu bewältigen.

Es klingt vielleicht wie eine Trivialität, wenn ich sage, daß Sicherheit eines Staates in der gegenwärtigen Situation nicht mehr durch das Mittel der Kriegsrüstungen oder gar der Kriege selbst zu erzielen ist. Was also ist zu tun? Was ist das Problem? Es ist fast unlösbar, wenigstens zur Zeit. Da der Zwang von außen in der Form einer Hegemonialmacht nicht mehr sehr vielversprechend erscheint, um weltweit den Frieden zu sichern, stehen die Völker der Erde heute vor der alternativen Aufgabe, durch freiwillige Selbstbeschränkung, und gegebenenfalls auch durch freiwillige Unterordnung unter den Schiedsspruch der Menschheit, allmählich zum Verzicht auf die herkömmlichen kriegerischen Einrichtungen beizutragen. Zu dieser Zivilisationsstufe kann sich die Masse der Menschen, können sich insbesondere die Führungsschichten der Staaten vielleicht ganz allmählich vorarbeiten. Aber bei der bitteren Feindseligkeit, der zähen und wilden Abneigung, der bodenlosen Verachtung, die heute häufig genug, offen oder versteckt, das Tun und Lassen von Angehörigen verschiedener Staaten im Verkehr miteinander bestimmen, bleibt die Aufgabe einer nicht von außen erzwungenen, einer auf freiwilligen Entschlüssen beruhenden Befriedung der Menschheit zunächst unlösbar. Man kann sie nur aussprechen als die einzig mögliche Alternative zur Katastrophe – aber gewiß ohne große Hoffnung. Es ist denkbar, daß die Menschen erst durch die Heimsuchung eines neuen Krieges zu einem Bruch mit der bisherigen Tradition, zu einem freiwilligen Verzicht auch der mächtigsten Staaten auf gewalttätige Mittel der Sicherung ihres eigenen Gebietes veranlaßt werden können. Und dann mag es wohl zu spät sein.

Ich habe hier manchmal auf die Eigentümlichkeiten des Hegemonialrausches hingewiesen. Die Politik der beiden gegenwärtigen Großmächte läßt sich eigentlich nur in diesem Sinne erklären, nur durch die geheime Erwartung ihrer führenden Männer, sie könnten sich auf die eine oder die andere Weise des Gegners entledigen, ohne im Kern des eigenen Machtpotentials getroffen zu werden, so daß der eigene Großstaat dann in ungetrübter Sicherheit zur beherrschenden Macht der Menschheit würde. Nur bei gemindertem Realitätssinn lassen sich solche Hoffnungen aufrechterhalten. Es ist nicht so schwer zu erkennen, daß in der gegenwärtigen Situation weder Angriffswaffen noch Verteidigungswaffen einem Lande genügend Sicherheit gewähren können, um es ihm zu ermöglichen, aus einem Krieg ohne schwerste Schädigung seines Machtpotentials hervorzugehen, also ohne für geraume Zeit, vielleicht für immer, seine führende Rolle unter den Staaten der Welt einzubüßen. In dieser Situation können allein Vereinbarungen den Staaten Sicherheit gewähren. Der Abschluß von bindenden Vereinbarungen zwischen Staaten aber setzt ein erhebliches Maß von gegenseitigem Vertrauen der vereinbarenden Seiten voraus. Und damit steht es schlecht. Höchstes gegenseitiges Mißtrauen, das durch eine Propagandaflut immer von neuem genährt wird, bestimmt heute die Beziehungen vieler Staaten und besonders der beiden Großmächte zueinander.

Damit tritt eine Aufgabe ins Zentrum des Blickfeldes, die vielleicht nicht ganz hoffnungslos ist, an der sich jedenfalls arbeiten läßt: der Abbau des Mißtrauens. Wenn man die Oberherrschaft eines einzelnen Volkes, also den Zwang von außen vermeiden will, dann wird es nötig, größere Anforderungen an sich selbst, an das eigene Toleranzvermögen zu stellen. Der Abbau des Mißtrauens zwischen den Staaten läßt sich gewiß nicht von heute auf morgen bewerkstelligen. Er verlangt das geduldige, gemeinsame Bemühen vieler Menschen, in ihren Ländern dafür zu arbeiten, daß die Bereitschaft wächst, Konflikte zwischen Staaten, sei es durch gewaltlose Kompromisse, sei es durch den Schiedsspruch überstaatlicher Organe zu lösen. Die allseitige, nicht einseitige Verminderung absoluter Feindschaften zwischen Menschengruppen ist ohne Zweifel eine der Aufgaben, die der drohende Krieg den noch lebenden Menschen stellt.

Letzten Endes arbeitet man mit alledem auf eine weltweit befriedete Konföderation der Staaten hin, die auf deren freiwilligem Zusammenschluß beruht und die effektive Organe der zwischenstaatlichen Konfliktlösung und der Bestrafung von Friedensbrechern besitzt. Sie ist die Alternative zum Wettrüsten zweier Hegemonialmächte, zu deren Dominierung und oft genug zur Lahmlegung der gegenwärtigen Vorformen einer solchen Konföderation und ganz gewiß auch die Alternative zur Hegemonie einer einzelnen Großmacht über die Staaten der Welt.

Eine solche arbeitsfähige Konföderation der Staaten ist sicherlich zunächst nur ein großes Wort. Viel Wasser wird durch die Flüsse den Meeren zufließen, ehe sich das Wort in die Tat umsetzen läßt. Aber vielleicht ist es nicht unnütz, dieses Ziel im Auge zu behalten als etwas, auf das man mit viel Geduld und viel Vorsicht hinarbeiten kann, selbst wenn es in der eigenen Lebenszeit nicht zu verwirklichen ist. Das ist ja ein Irrtum, den heute viele Menschen begehen. Sie sind im Grunde nur in der Lage, sich für kurzfristige Ziele einzusetzen. Sie interessieren sich nur für etwas, von dem sie glauben, es werde sich morgen, übermorgen oder jedenfalls in ihrer eigenen Lebenszeit realisieren lassen. »Nach uns die Sintflut«, so sagen sie, »was geht mich das an, was erst nach meinem Tode eintritt.« Aber das ist es eben – für den Frieden unter Menschen zu arbeiten, ist nun einmal eine langfristige Aufgabe.

19

Diese Aufgabe ist überdies nicht zu bewältigen ohne ein verständnisvolles Bewußtsein für die sehr labilen Balanceverhältnisse der Staatenhierarchie. Nehmen Sie zum Beispiel den gegenwärtigen Fall der westeuropäischen Staaten. Sie sind Bundesgenossen der Vereinigten Staaten. Eine solche Position verlangt ein sehr hohes Verständnis für die Fragen des politischen Gleichgewichts. Manche Gruppen in den europäischen Ländern fordern völlige Loslösung von der amerikanischen Allianz. Wenn diese Forderung verwirklicht würde, dann bedeutete das automatisch eine sehr erhebliche Verschiebung der Machtgewichte zugunsten der Sowjetunion. Aber zugleich besteht eine nicht geringe Gefahr für europäische Staaten, aus der Rolle eines Bundesgenossen in die eines Vasallenstaates abzusinken. Diese Gefahr wäre gewiß geringer, wenn die westeuropäischen Staaten, oder wenigstens eine Reihe von ihnen, zusammenstünden. Die gegenwärtige Weltsituation, mit anderen Worten, bringt europäische Staaten, und vielleicht ganz besonders die Bundesrepublik, in die Gefahr, de facto Vasallenstaaten Rußlands oder Vasallenstaaten der Vereinigten Staaten zu werden. Die rechte Balance zwischen diesen beiden Möglichkeiten aufrechtzuerhalten, ist wahrscheinlich nur im Verein mit anderen europäischen Ländern möglich.

Aber dieser Hinweis zeigt zugleich, wie unrealistisch es ist, in absoluten Alternativen und so auch in absoluten Feindschaften zu denken. Bei dem heutigen Stande der Parteiungen ist das häufig der Fall. Man denkt Schwarz oder Weiß, alles oder nichts, weg von den Vereinigten Staaten oder bedingungslose Hingabe an sie. In solchen Fällen die rechte Balance zu wahren, ist eine weit schwierigere politische Aufgabe als das Betreiben einer »Alles-oder-nichts«-Politik.

Nicht weniger schwierig ist für die europäischen Länder, und in besonderem Maße für die Bundesrepublik, die Einsicht, daß die Entscheidung über den Nuklearkrieg kaum noch in ihrer Hand liegt, sondern so gut wie ausschließlich in der Hand der Supermächte und ihrer Regierungen. Ich will im Augenblick hier die Probleme anderer europäischer Länder, die, wie England und Frankreich, dank ihrer Verfügung über eigene Kernwaffen ein gewisses Maß an Selbständigkeit besitzen, außer acht lassen. Für Bürger der Bundesrepublik ist es nicht unwichtig, sich klar zu machen, daß die Entscheidung darüber, ob sie in Krieg oder Frieden leben werden, nur noch in sehr geringem Maße von ihnen selbst abhängt. Eine Mitsprache über ihr eigenes Schicksal haben sie nur insofern, als sie die Entschlüsse der beiden Hegemonialstaaten und die Machtbalance zwischen ihnen beeinflussen können. Es ist schwer für ein Volk, das an Selbständigkeit gewöhnt war, sich der Erkenntnis nicht zu verschließen, daß ihr Staat nach zwei verlorenen Kriegen einen guten Teil seiner Selbständigkeit verloren hat. Es ist vielleicht noch schwieriger, die praktischen Konsequenzen aus dieser Einsicht zu ziehen. Zu diesen Konsequenzen gehört die Tatsache, daß es für Bundesdeutsche kaum noch möglich ist, eine Friedenspolitik auf eigene Faust zu betreiben. Was immer sie tun oder nicht tun, die entscheidende Frage ist, welche Bedeutung es für die Machtbalance zwischen den beiden Hegemonialmächten hat. Wenn sich die Bundesrepublik zum Beispiel durch den Versuch einer Neutralisierung etwas von ihren bisherigen amerikanischen Bundesgenossen distanziert, so bedeutet das automatisch eine Schwächung der USA und dementsprechend eine Stärkung der Sowjetunion.

Gewiß, es ist nicht jedermanns Sache, solche politischen Probleme als Probleme von Machtbalancen zu sehen. Aber dies ist nun einmal die wirkliche Struktur der zwischenstaatlichen Beziehungen; man kommt dem Kern der Dinge am nächsten, wenn man ein Verständnis für die Labilität der Machtbalancen zwischen den Staaten hat.

Bei dem Wettrüsten geht es ständig um Balanceprobleme. Beide Hegemonialmächte fürchten ständig, in bezug auf Bündnisse oder Waffensysteme hinter der gegnerischen Macht zurückzubleiben. Es ist noch gar nicht so lange her, daß die Russen die Initiative im Wettrüsten hatten. Gegenwärtig liegt sie bei den Amerikanern. Aber der Versuch der amerikanischen Regierung, durch die Entwicklung neuer Waffensysteme die ökonomisch schwächeren Russen zum Gleichziehen zu zwingen – also zu einem Niveau der Rüstungsausgaben, das die Russen offenbar schwer erschwingen können –, ist nicht ungefährlich. Die Amerikaner würden damit vorübergehend die Stellung einer Hegemonialmacht ohnegleichen, also der stärksten Militärmacht der Erde erwerben. Aber durch diese Verlagerung der Machtbalance zu ihren Ungunsten könnten sich die Führer der Sowjetunion aufs schwerste bedroht fühlen; sie könnten fühlen, daß sie damit in eine Position der permanenten Unterlegenheit im Verhältnis zu den Vereinigten Staaten geraten. Man kann nicht voraussehen, wie die leitenden Männer der Sowjetunion reagieren würden, wenn sie zu der Überzeugung kämen, sie seien in Gefahr, beim Wettrüsten nicht mehr mithalten zu können, wenn sie erkennen müßten, daß sie im Begriff seien, durch eine wachsende Ungleichheit der militärischen und ökonomischen Machtpotentiale im Verhältnis zu den Vereinigten Staaten ins Hintertreffen zu geraten. Es wäre durchaus denkbar, daß die regierenden Männer Rußlands sich in einem solchen Falle, und vielleicht in einer Art von Panik, zu einem Präventivkrieg entschließen würden, auch wenn sie wüßten, daß dieser Entschluß einem Akt der Selbstvernichtung gleichkäme.

Dasselbe gilt natürlich auch umgekehrt. Auch die Spitzengruppen der Vereinigten Staaten könnten in einer Paniksituation, etwa durch die plötzliche Entdeckung bisher geheimgehaltener russischer Waffen, den Entschluß fassen, dem erwarteten Angriff der Russen durch einen eigenen Angriff zuvorzukommen.

Solche Erwägungen, das vorwegnehmende Ausmalen möglicher Zukünfte, sind keine müßigen Gedankenspiele. Wenn man solche Situationen vor Augen hat, ist man besser in der Lage, darüber nachzudenken, was sich tun läßt und was sich nicht tun läßt. Es ist nicht unüblich, daß man im Angesicht solcher Gefahren, wie der des

Entschlusses zum selbstmörderischen Präventivkrieg, im Gefühl, von der anderen Seite an die Wand gedrückt zu werden, auf die Notwendigkeit der militärischen Balance zwischen beiden Seiten hinweist. Das ständige Bemühen, durch Verhandlungen zwischen Vertretern der beiden großen Militärmächte das Rüstungsgleichgewicht aufrechtzuerhalten, ist sicherlich unentbehrlich, unausweichlich daher auch die Furcht vor dem Ungleichgewicht. Wenn Vertreter der beiden Mächte bei diesem Bemühen nicht weiterkommen, dann sollte vielleicht die Forderung anderer Länder auf allen Seiten lauter und dringlicher werden, daß die beiden Großmächte neutrale Berater und beratende Schiedsrichter zu Hilfe ziehen. Ich bin nicht sicher, ob man den führenden Politikern der beiden Hegemonialstaaten wirklich zumuten kann, allein und ohne die Hilfe von weniger direkt engagierten Ratgebern über das Wohl und Wehe der Menschheit zu entscheiden.

20

Ganz sicher bin ich freilich, daß sich das Problem der Rüstungseskalation nicht lösen läßt, wenn man die Verhandlungen auf Abmachungen über die Rüstungen beschränkt.

Die Furcht vor der möglichen militärischen Überlegenheit des Gegenspielers wird heute in hohem Maße verstärkt durch die Ausbrüche einer tief empfundenen emotionalen Feindseligkeit der Repräsentanten beider Staaten gegeneinander. Diese Feindseligkeit hat, wie Sie alle wissen, ihre Wurzel nicht allein in der gegenseitigen militärischen Bedrohung, sie hat ihre Wurzel auch in der Tatsache, daß die beiden größten Militärmächte der Welt Vertreter verschiedener und in der Tat gegensätzlicher sozialer Glaubensbekenntnisse sind. Auf der einen Seite stehen Vertreter eines kommunistischen Gesellschaftssystems, die inspiriert sind von dem Glauben an den unvergleichlichen Wert dieses Systems für die ganze Menschheit. Auf der anderen Seite stehen Vertreter einer kapitalistischen Gesellschaftsordnung. Sie sind ebenfalls inspiriert von der Vorstellung, ihr ökonomisches System, die Einrichtung einer relativ freien Unternehmerkonkurrenz, sei die beste, die ideale Einrichtung, sie allein könne den wachsenden Wohlstand und den Fortschritt der Menschheit sichern. Diese Gegensätzlichkeit der sozialen Institutionen und Ideale wird dann noch dadurch verstärkt, daß aus der russischen Revolution eine sich selbst perpetuierende Parteidiktatur hervorging, während sich die wirtschaftliche Institution der mehr oder weniger freien Unternehmerkonkurrenz in den meisten entwickelteren Industriestaaten, und vor allem auch in den Vereinigten Staaten von Amerika selbst, mit der politischen Institution individueller, geheimer Wahlen und der relativ freien und gewaltlosen Konkurrenz von mindestens zwei Parteien verband, also mit einem Wettbewerb der Parteien um die Stimmen der Staatsbürger und durch sie um den Zugang zu Regierungsstellen.

Bei dem Konflikt der beiden Großmächte wirken also ständig zwei Antriebe und daher auch zwei elementare Befürchtungen ineinander, die in enger Verbindung miteinander stehen, die aber in Praxis und Theorie klar unterschieden werden können. Da ist erstens die Besorgnis des amerikanischen und des russischen Volkes und der jeweils verbündeten Völker um ihre physische Sicherheit, die uralte Furcht einer Menschengruppe vor der Vernichtung durch eine andere. Sie ist eine bisher unabänderliche Lebensbedingung der Menschen, eine Conditio humana. Wenn die Sowjetunion und ihre Verbündeten militärisch die Oberhand gewinnen würden, dann wären sie in der Lage, Millionen von Staatsbürgern Amerikas und seiner Verbündeten in Westeuropa und Asien zu töten; sie könnten diese Länder auf die Knie zwingen. Das gleiche wäre der Fall, wenn die Rüstungsbalance sich entschieden zugunsten der Amerikaner verändern würde. Die Vereinigten Staaten und ihre Bundesgenossen könnten dann Tod und Zerstörung über die Völker der Sowjetunion und deren Verbündete bringen.

Aber das ist nicht alles. Zu der Furcht vor der physischen Bedrohung gesellt sich auf beiden Seiten eine andere, die Furcht vor der Bedrohung der eigenen sozialen Einrichtungen und vor dem Sinn- und Wertverlust im Gefolge ihrer Zerstörung. Als treibender Kraft der Feindseligkeit, der unablässigen gegenseitigen Verteufelung, kommt dieser Furcht keine geringere Bedeutung zu als der Furcht vor der physischen Vernichtung und Zerstörung.

Mit Hilfe einer überlegenen Waffengewalt könnten die Russen den Amerikanern und deren Verbündeten ihre eigenen politischen und sozialen Einrichtungen aufzwingen. Sie könnten aufgrund einer überlegenen Militärmacht in den USA und in jedem der mit ihnen verbündeten Staaten eine Diktatur der kommunistischen Partei einrichten, könnten alle Privatunternehmen in Staatsunternehmen verwandeln – also, mit einem Wort, die vorhandenen Herrschafts- und Lebensformen abschaffen und andere nach ihrem eigenen Modell an deren Stelle setzen.

Die autoritativen Bücher des kommunistischen Glaubenssystems, ganz besonders auch die Werke von Karl Marx, die zur Legitimierung der kommunistischen Parteidiktatur unentbehrlich sind, enthalten zahlreiche Ausdrücke der Verachtung und des Hasses gegen alle diejenigen, die sich weigern, in die Parole des unerbittlichen Klassenkampfes einzustimmen oder den Glauben an die Notwendigkeit einer blutigen Revolution und einer Diktatur an deren Ende zu teilen. Im Sinne der auf Marx und Lenin zurückgehenden Tradition erscheint eine Revolution, also praktisch betrachtet der Gebrauch von physischer Gewalt, als der einzige Weg zur Lösung der Konflikte zwischen Arbeitern und Unternehmern. Das kommunistische Glaubenssystem stellt den Untergang des Kapitalismus gleichsam als eine immanente Notwendigkeit der Menschheitsentwicklung dar. Das ist der Grund, aus dem sich in den kapitalistischen Ländern mit der Furcht vor der physischen Zerstörung durch die kommunistische Militärmacht die Furcht vor der Zerstörung der herkömmlichen Herrschafts- und Lebensformen und vor deren Ersetzung durch Einrichtungen nach sowjetischem Modell verbindet. Besonders die führenden Schichten des von den Vereinigten Staaten geleiteten Staatenbundes fühlen sich von dieser Gefahr bedroht. Ein militärischer Sieg des kommunistischen Staatenbundes – angenommen, er ließe sich allein durch die Anwendung konventioneller Waffen und ohne Verseuchung durch Kernwaffen erreichen – würde eine völlige soziale Degradierung der zuvor führenden Menschengruppen mit sich bringen und in vielen Fällen deren Gefangensetzung oder Verbannung in ferne Internierungslager.

Die verschiedenen Glaubenssysteme der kapitalistischen Gesellschaften sind weniger scharf umrissen als das der kommunistischen Gesellschaften in einer Reihe von autoritativen Büchern niedergelegt, von denen der einzelne Mensch Auszüge bereits auf der Schule zu lesen vermag und die entsprechend der diktatorischen Regierungsform zu einer relativ hohen Vereinheitlichung der individuellen Wissens- und Denkformen beitragen. Aber obgleich in den kapitalistischen Gesellschaften Bücher fehlen, die eine ähnlich zentrale Rolle als Repräsentanten eines gemeinsamen sozialen Glaubenssystems spielen wie die Werke von Marx, Engels und Lenin in der Sowjetunion, so fehlt es dort dennoch nicht an einem ziemlich weitgehenden ideologischen Konsens, der sich gewiß nicht in der Ablehnung erschöpft, der aber seinen vielleicht prägnantesten gemeinsamen Ausdruck in der Ablehnung der für kommunistische Länder charakteristischen Glaubensdoktrin findet. In Verbindung mit diesen gemeinsamen Äußerungen der Ablehnung des kommunistischen Glaubenssystems, die sich nuancenreich über ein ganzes Spektrum nicht-kommunistischer Glaubensideale hin erstreckt, findet man dann Gegenstücke zu der in höherem Maße zentralisierten ideologischen Stigmatisierung und Verteufelung des Kapitalismus, für die Marx selbst die kaum übertroffenen Modelle schuf und die in Rußland unversehens von der innerstaatlichen auf die zwischenstaatliche Ebene hinübergespielt wurden. Man findet, eingebettet in die verschiedenen Glaubenssysteme der kapitalistischen Länder, zahlreiche Gegenstücke zu der von Marx eingeführten Form der Argumentation, die den Gegner schlechthin als vernichtenswert, gleichsam als absolutes Übel verteufelt.

So gilt auch für die Furcht auf russischer das gleiche wie für die auf amerikanischer Seite. Es handelt sich auch in diesem Falle nicht allein um die Furcht vor der physischen, sondern zugleich um die vor der sozialen Vernichtung. Eine unwiderstehliche militärische Überlegenheit der Vereinigten Staaten und ihrer Bundesgenossen bedroht mit der physischen Existenz der Völker des östlichen Blocks zugleich auch deren gegenwärtig existierende Herrschafts- und Lebensformen. Und auch in diesem Falle ist die Gefahr für die soziale Existenz der führenden Schichten besonders groß. Vor allem die Angehörigen der in diesen Ländern maßgebenden kommunistischen Parteien würden bei einer militärischen Niederlage Gefahr laufen, ihre privilegierte Position zu verlieren. Ganze Gruppen würden vielleicht, wie im Falle eines kommunistischen Sieges herrschende Gruppen der kapitalistischen Länder, durch die Gerichte eines neuen Regimes zu einem Leben in Gefängnissen oder Internierungslagern verurteilt werden. Auch in diesem Falle bedeutet die Kriegsgefahr nicht nur eine Bedrohung des nackten Lebens, sondern für viele Menschen auch die Bedrohung ihrer sozialen Existenz durch die andere Seite, also eine schwere Gefahr für etwas, das dem Leben dieser Menschen für ihr eigenes Empfinden Sinn und Wert gibt.

21

Diese zwei Wurzeln der gegenseitigen Bedrohung und der beiderseitigen Furcht voreinander, ihre physische und ihre soziale Seite, etwas deutlicher vorzustellen, als das gewöhnlich geschieht, ist nicht ganz ohne Nutzen, wenn man zum Nachdenken über mögliche Strategien der Entspannung auffordert. Man hat manchmal den Eindruck, daß es Menschen oft so erscheint, als sei es ganz einfach und offensichtlich, was man tun könne, um die Führungsgruppen der beiden ineinander verhakten Supermächte aus dem eingefrorenen Clinch zu lösen und so auch aus dem fatalen Zwang zum Wettrüsten. Manchen Menschen scheint es zu genügen, aller Welt zu zeigen, daß sie selbst guten Willens, also für den Frieden sind. Das allein sei schon ein bedeutsamer Beitrag zur Vermeidung der Kriegsgefahr. Viele Menschen scheinen heute ihre Hoffnung auf Abmachungen der beiden großen Militärmächte über Rüstungsbeschränkungen zu setzen. Solche Abmachungen sind ohne Zweifel von höchstem Nutzen. Aber gerade wenn man sich der doppelten Wurzeln der gegenseitigen Bedrohung bewußt ist, dann muß man sich die Frage vorlegen, ob Abmachungen über militärische Rüstungen allein jemals genügen können, ob sie überhaupt möglich sind, solange die andere Wurzel der bitteren gegenseitigen Feindschaft der zwei Hegemonialmächte nicht ebenfalls in Betracht gezogen wird.

Damit will ich sagen: Abmachungen über Rüstungsbeschränkungen, so nützlich und unentbehrlich sie sind, haben nur eine geringe Chance, auf die Dauer ein Anhalten des Rüstungswettlaufs herbeizuführen; denn dessen selbsteskalierender Fortgang wird immer von neuem durch die gegenseitige Furcht, das beiderseitige Mißtrauen und durch die bittere Feindschaft vor allem der beiden Führungsschichten gespeist, die in der fortlaufenden ideologischen Verteufelung beider Seiten einen Ausdruck findet und die ja auch, wie gesagt, recht gute Gründe hat. Ich glaube, daß die Chance, den Prozeß des Rüstungswettlaufs zu stoppen, gering ist, solange man sich nicht zu gleicher Zeit auch um eine ideologische Abrüstung bemüht. Das aber ist eine Aufgabe, die eine zum Teil recht andere Strategie verlangt als das Vorgehen, das im Mittelpunkt von Rüstungsabkommen steht. Ganz gewiß können auch bei dem Bemühen um eine ideologische Abrüstung zwischen den beiden großen einander gefährdenden Völkergruppen Verhandlungen zwischen Experten eine zentrale Rolle spielen. Aber an dieser Aufgabe können und müssen zugleich auch weitere Kreise der gefährdeten Völker selbst mitarbeiten.

Es ist ziemlich unrealistisch zu hoffen, daß die beiden Seiten in der Lage sind, die Dynamik des selbsteskalierenden Wettrüstens effektiv und auf die Dauer anzuhalten, wenn sie fortfahren, sich in ihren Propagandareden ihre unerbittliche Feindseligkeit zu zeigen, die sich vor allem in dem beiderseitigen Glauben ausdrückt, daß die andere Seite früher oder später von der Erde verschwinden müsse.

Wenn man die Entwicklung dieses kalten Krieges genauer betrachtet, dann erkennt man, daß die Stärke und Schlagkraft der gegenseitigen Beschimpfungen Schwankungen unterworfen ist. Eine Zeitlang waren die Kommunisten allenthalben mit der Beschimpfung der Kapitalisten in der Offensive. In jeder Krise der kapitalistischen Länder, die ja zu deren normalen Struktureigentümlichkeiten gehört, sahen sie die Endkrise. Jede kommunistische Generation erwartete immer von neuem, daß die Marxsche Prophezeiung vom Untergang des Kapitalismus sich in ihrer Lebenszeit erfüllen werde. Triumphierend prophezeiten sie, hinter der jeweils nächsten Straßenecke, die Revolution. Marx hatte es fertig gebracht, den Vorgang einer Revolution theoretisch einigermaßen zu entgiften. Man konnte daher leicht vergessen, daß Revolutionen genauso gewalttätige, blutige und mörderische soziale Geschehnisse sind wie Kriege. Früher sprach man oft von einem gerechten und ungerechten Krieg; mag sein, daß in den Augen vieler Kommunisten eine Revolution als gerechte Gewalttätigkeit, ein Krieg als ungerechte Gewalttätigkeit erscheint. Jedenfalls ist dies ein Beispiel für die Schwierigkeit der Waffenabrüstung ohne ideologische Abrüstung. Man kann sich schlecht vorstellen, daß die parlamentarisch regierten Staaten zu einer dauernden Verständigung über das Wettrüsten fähig sind, wenn ihr Verhandlungspartner gleichzeitig den Glauben an das unausweichliche Kommen einer blutigen Revolution in diesen Staaten propagiert. Inzwischen hat gewiß die Vorstellung, daß die kapitalistischen Staaten mit Hilfe einer Revolution noch in der eigenen Lebenszeit der Gläubigen ganz von selbst verschwinden werden, viel von ihrer Überzeugungskraft verloren. Aber die Propagandamühlen laufen mit den gleichen Schlagzeilen auf vollen Touren weiter. Es ist schwierig, die Möglichkeit einer relativ friedlichen

Koexistenz mit anderen Menschengruppen zu erwarten, die man ideologisch ständig als wertlos mit dem Untergang bedroht.

Und das gleiche gilt von der anderen Seite. Als Russen und als Kommunisten haben die führenden Männer der Sowjetunion oft eine merkliche Empfindlichkeit gegenüber Maßnahmen oder Äußerungen gezeigt, die ihnen die Anerkennung als gleichwertige Großmacht unter den entwickelteren Staaten der Erde zu versagen schienen. Im Gegenschlag gegen die traditionelle ideologische Offensive der kommunistischen Länder verstärkt sich heute die ideologische Offensive der kapitalistischen Länder, insbesondere der Vereinigten Staaten. Man spricht von der zivilisierten Welt des Westens im Hinblick auf die Parteidiktaturen der kommunistischen Länder, die im Westen als Ausdruck der institutionalisierten Unfreiheit und Ungleichheit erscheinen. Ähnlich, wie man sich in kommunistischen Ländern oft von der magischen Erwartung betrügen läßt, daß der Kapitalismus mit Hilfe der freudig erwarteten Revolution gleichsam von selbst verschwinden werde, gibt man sich anscheinend in vielen Kreisen des Westens hoffnungsvoll der magischen Erwartung hin, das kommunistische Regime werde früher oder später in der Sowjetunion und ihren Bündnisstaaten gleichsam von selbst verschwinden, sei es aufgrund der hemmenden Trägheit ihrer Bürokratie, sei es, weil man dort mit der Weiterentwicklung der parlamentarischen Staaten nicht Schritt halten könne. Auch hier mehren sich nun die Ausdrücke der ideologischen Verachtung für die Gegenseite.

Es ist diese Situation, die eine ideologische Abrüstung erforderlich macht. Ich verstehe darunter nicht ein Aufgeben der eigenen sozialen Ziele und Überzeugungen. Es gibt keinen Grund, warum Kommunisten nicht an ihrer Werthaltung und Kapitalisten nicht an der ihren festhalten sollten. Ich befürworte auch nicht einen Neutralismus. Alles das liegt mir fern. Was ich befürworte, ist eine große und allgemeine Politik der Mäßigung – eine erhebliche Mäßigung der Feindseligkeit gegenüber Menschengruppen oder Individuen, die die eigene Überzeugung nicht teilen. Im Angesicht einer Atomkriegsgefahr sind leidenschaftliche und intolerante Auseinandersetzungen zwischen Menschen verschiedenen Parteiglaubens gefährlich. Ich denke also, daß es nötig sein wird, mehr und deutlicher zu sagen, was uns alle betrifft; denn unser eigener Eifer und unsere eigene Leidenschaftlichkeit im Haß oder in der Verachtung für die andere Seite fördern die Leidenschaftlichkeit der Auseinandersetzung, die heute noch die beiden Regierungen, die Hauptregierungen, die letztlich für Krieg und Frieden verantwortlich sind, treibt.

Die Gefahr eines Kernwaffenkrieges ist zu groß, und die Folgen eines solchen Krieges für die betroffenen Völker der Erde sind zu entsetzlich, als daß man sich den Luxus der bitteren, unversöhnlichen Feindschaft, der unaufhörlichen gegenseitigen Beschimpfung und Verteufelung, kurzum: den Luxus der ideologischen Intoleranz in unserem Zeitalter noch weiterhin leisten könnte. Das hat, wie gesagt, nichts mit dem Aufgeben der eigenen Überzeugung zu tun, das bezieht sich zunächst einmal auf die Tonart, mit der man sie vertritt. Mehr als das. Es verlangt die Erkenntnis im Lager der kapitalistisch orientierten Länder, daß das kommunistische Regime der Ostblockländer zu stark und zu mächtig ist, um auf andere Weise beseitigt zu werden als durch einen unzweideutigen Sieg im Gefolge eines Kernwaffenkrieges. Es verlangt die Erkenntnis im Lager der kommunistisch orientierten Länder, daß die kapitalistisch regierten Länder zu stark und zu mächtig sind, daß überdies die marktwirtschaftliche und parlamentarische Orientierung der Menschen dort zu stark Wurzel gefaßt hat, um auf andere Weise als durch nackte Gewalt von außen, also durch einen kommunistischen Sieg im Kernwaffenkrieg, beseitigt zu werden. In beiden Fällen ist es mehr als zweifelhaft, ob ein Sieg in einem Kriege dieser Art überhaupt möglich ist, ob ein solcher Krieg nicht letzten Endes die Besiedelung der zunächst verseuchten Gebiete durch eine neue Bevölkerung und damit eine völlige Veränderung der Landkarte zur Folge hätte.

Führende Menschen beider Lager geben sich offenbar der Hoffnung hin, das gegnerische Regime werde in Kürze aufgrund seiner inneren Widersprüche oder seiner bürokratischen Unfähigkeit ganz von selbst zusammenbrechen, so daß man ihm am Ende vielleicht nur noch den Gnadenstoß zu geben braucht. Beide Seiten unterschätzen die Widerstandskraft und den Widerstandswillen der Gegenseite. Was aber geschieht, wenn die gewünschte und magisch erwartete Selbsterledigung des Gegners nicht in absehbarer Zeit eintritt? Die Wahrscheinlichkeit, daß sich die aufgespeicherten Gefühle der gegenseitigen Feindschaft, die überdies auf beiden Seiten durch ein in sich geschlossenes Argumentiersystem immer von neuem gestärkt werden, unversehens einmal in kriegerischen Handlungen entladen und damit den Zyklus der Gewalttätigkeiten eröffnen, ist dann recht groß. Ist es nicht eigentümlich, daß man sich zwar der Gefahr der grobschlächtigen physischen Waffen bewußt ist, aber nicht der Gefahr der gedanklichen Waffen, der Denkmittel, die falsche Hoffnungen wecken und durch das Schüren der gegenseitigen Feindschaft zum Kriege hintreiben? Wie kann man dem vorbeugen, wenn man nur über Waffenabrüstung verhandelt und reflektiert und nicht zugleich über das, was die Menschen voneinander denken, die die Herstellung dieser Waffen anordnen und möglicherweise deren Gebrauch? Ich habe zuvor von dem Abbauen des Mißtrauens gesprochen. Das ist unerläßlich, aber es ist ein schwieriger und langwieriger Prozeß. Er fordert nicht nur größere Zurückhaltung der zunächst in den kalten Krieg – den Vorkrieg – verwickelten Sprecher der beiden Großmächte, er verlangt darüber hinaus etwas weit Schwierigeres, den Verzicht auf bestimmte gefährliche Axiome der Weltanschauung beider Parteien, also zum Beispiel den Verzicht auf die Hoffnung, daß die jeweils gegnerische Seite mit ihrer Regierungs- und Wirtschaftsform nun bald vom Erdboden verschwinden und durch die jeweils eigene Regierungs- und Wirtschaftsform ersetzt werde.

Es wäre schön, und es wäre auch zur Minderung der Kriegsgefahr sehr nützlich, wenn die Amerikaner und ihre Verbündeten die Propaganda, die den Kommunismus als etwas ganz Verteufeltes hinstellt, herabmindern würden. Vielleicht ist man sich in diesem Lager noch nicht völlig bewußt, daß sie, die Mehrparteienstaaten, in der voraussehbaren Zukunft mit den Ländern des kommunistisch und diktatorisch regierten Staatenblocks als Nachbarn zusammenleben müssen, wenn es nicht zu einem Kriege kommt, der die ganze Landkarte der Erde verändert. Gewalt ist unteilbar. Man kann nicht den

Aufruf zur innerstaatlichen Gewalttätigkeit der Revolution verabscheuen und stigmatisieren und gleichzeitig den Gebrauch von Gewalt im zwischenstaatlichen Verkehr vorbereiten und loben.

Und auf der anderen Seite wäre es schön, wenn die Führer des Sowjetblocks ebenfalls ihre revolutionäre Propaganda allmählich herabschrauben könnten. Auch für den Sowjetblock gilt, daß die Menschen, die ihn bilden, in der vorhersehbaren Zukunft nachbarlich mit parlamentarisch regierten Staaten, die in verschiedenem Ausmaß mit einer freien Marktwirtschaft ausgestattet sind, zusammenleben müssen. Man kann nicht erwarten, daß ein friedliches Zusammenleben möglich ist, daß sich die Kriegsgefahr mindert, solange im Sowjetblock schon die Kinder in den Schulen und erst recht die Studenten auf den Universitäten lernen müssen, daß sich die Länder des kapitalistisch-parlamentarischen Staatenblocks früher oder später durch eine blutige Revolution in kommunistische Parteidiktaturen des Proletariats nach dem Muster der Sowjetunion verwandeln werden. Wie gesagt, Gewalttätigkeit ist unteilbar. Man kann nicht eine Verminderung der Gefahr kriegerischer Gewalttätigkeiten im zwischenstaatlichen Verkehr erwarten und gleichzeitig den gewalttätigen Umsturz, eine Revolution innerhalb anderer Staaten prophezeien und als hochgepriesene Kampfparole propagieren.

Das Abbauen des Mißtrauens ist gewiß eine Aufgabe von einiger Dringlichkeit. Aber man braucht sich darüber nicht zu täuschen: es ist eine schwierige Aufgabe. Die beiden Großmächte im Clinch können sicherlich nur versuchen, über einen längeren Zeitraum hin ganz allmählich und Schritt für Schritt die tiefe Feindseligkeit zwischen ihnen zu mindern und etwas mehr Vertrauen ineinander zu gewinnen.

Vielleicht hilft es dabei ein wenig, daß sie nicht durch einen jener Interessenkonflikte gegeneinander und zum Kriege hin getrieben werden, die ein Nebeneinanderleben als autonome Völker unmöglich machen. Die Völker des Sowjetblocks brauchen, um relativ autonom existieren zu können, nicht das Land, auf dem die Amerikaner wohnen, die Amerikaner zu ihrer unabhängigen Existenz als Volk nicht Gebiete der Sowjetunion. Wenn der Interessengegensatz von dieser Art wäre, dann wäre es noch erheblich schwieriger, die Menschheit an einem Krieg vorbeizusteuern. Die Interessenkonflikte der beiden Großmächte aber beruhen nicht auf Gebietsforderungen; sie beruhen in erster Linie darauf, daß sie sich gegenseitig in ihrer Sicherheit bedrohen und daß sie zugleich ungewollt zu Rivalen um die Position an der Spitze der Staatenhierarchie, um die Position der stärksten Macht der Menschheit geworden sind. Jede der beiden Großmächte, die Sowjetunion oder die Vereinigten Staaten, wäre in der Tat heute möglicherweise die stärkste Macht der Erde, wenn ihr die andere Großmacht nicht störend im Wege stünde. Hinzu kommt ganz gewiß noch die Verschiedenheit ihrer gesellschaftlichen Institutionen und Ideale, die beide nun über die ganze Menschheit auszubreiten suchen. Nicht wegen unversöhnlicher territorialer Forderungen, sondern als die Rivalen um die Vormacht unter den Staaten der Welt und als Vertreter gegensätzlicher sozialer Glaubenssysteme, die sich wechselseitig bedrohen, stehen also die Führungsgruppen der beiden Großmächte einander mit höchstem Mißtrauen gegenüber. Jede von ihnen glaubt, daß ihr die

Zukunft gehört. Die, die sich selbst als Befreier von der Unterdrückung einer ausbeutenden Klasse sehen, erscheinen der anderen Seite als diktatorische Volksunterdrücker. Diese Verzahnung grundfeindlicher Haltungen und Gefühle durchsetzt alle Verhandlungen, erschwert alles Bemühen um Kompromisse.

22

Von den breiteren Schichten der beiden Völkergruppen werden solche Gefühle der Feindseligkeit wahrscheinlich bis zu einem gewissen Grade geteilt. Es kann für die soziale Existenz von Menschen schädlich, vielleicht gar für ihre physische Existenz gefährlich sein, wenn ihre Loyalität als Anhänger der in ihrer Gesellschaft jeweils offiziell sanktionierten sozialen Glaubensdoktrinen in Zweifel steht. Mit einer gewissen Toleranzmarge in den parlamentarisch regierten Gesellschaften, fast ohne sie in den diktatorisch regierten, gilt noch heute weithin der alte Satz: *Cuius regio, eius religio.* Anders ausgedrückt: Es ist ratsam, sich als Anhänger eines der in der eigenen Staatsgesellschaft gebilligten sozialen Glaubensbekenntnisse zu erweisen und den Verdacht zu vermeiden, daß man einen sozialen Glauben bejahe, der in der eigenen Gesellschaft verneint, verfemt und oft auch verhaßt ist.

Wenn man die Situation des »kalten Krieges«, die bisher mit einigen Schwankungen für die zweite Hälfte des 20. Jahrhunderts charakteristisch ist, aus einiger Distanz betrachtet, dann erkennt man unschwer, daß der »heiße

Krieg«, auf den die führenden Personen der beiden Lager als Treibende und zugleich als hilflos Getriebene hinsteuern, in mancher Hinsicht den Charakter eines Religionskrieges hat. Es ist noch nicht ganz so lange her, da standen sich in vielen Gegenden Europas katholische und protestantische Gruppen in unversöhnlicher Feindschaft gegenüber und kämpften miteinander auf Tod und Leben in mehreren Kriegen um die Vorherrschaft. Verhältnisse, in denen sich Menschen um ihres verschiedenen religiösen Glaubens willen hassen und töten, ragen in manchen Teilen Europas, etwa in Nordirland, in das späte 20. Jahrhundert hinein. Aber im großen und ganzen ist die Hitze der unversöhnlichen Feindschaft einem weit milderen Klima der Beziehungen zwischen Protestanten und Katholiken gewichen.

Schon im 16. Jahrhundert gab es Menschen, denen es vor den Exzessen der Intoleranz und der Feindschaft zwischen verschiedenen Menschengruppen graute. Aber Fürsprecher der Mäßigung und Toleranz, wie Montaigne und Erasmus, fanden als solche wenig Gehör, auch wenn man sie achtete. Haß und Bedrohung zwischen den Menschen, die der alten Kirche anhingen, und denen, die sich den neuen Kirchen und Sekten zugewandt hatten, waren zu groß, die Wunden zu frisch, als daß man den Gewalttaten und dem sinnlosen Leiden, das sich die Anhänger verschiedener Religionen gegenseitig zufügten, hätte Einhalt gebieten können. Es dauerte viele Jahrhunderte, ehe sich die unerbittliche Feindseligkeit zwischen den verschiedenen Religionsgruppen mäßigte und der Zwang zum Angriff mit Wort und Tat gegen die Menschen anderen Glaubens und, wenn möglich, zu ihrer Bekehrung zum rechten Glauben sich minderte. Heute, nach drei-

oder vierhundert Jahren, ist das, was ehemals unrealisierbar schien, was seinerzeit der junge Thomas Morus als ein Wunschbild beschrieb, das allenfalls im Land der Utopier verwirklichbar schien: die Duldsamkeit der zwei Religionsgruppen füreinander, erheblich größer geworden. An Nachklängen der alten Stigmatisierung zwischen Protestanten und Katholiken fehlt es nicht. Die tiefempfundene Feindschaft aber hat sich weithin gelegt. Angehörige der beiden Religionsgruppen können oft genug in Frieden und Freundschaft leben. Es scheint beinahe unerfindlich, warum sie sich in früheren Zeiten so haßten, daß sie Kriege gegeneinander führen konnten.

Daß sich die ähnlich tief verwurzelte, und ganz gewiß von greifbaren Interessengegensätzen besonders der Führungsgruppen gespeiste, Feindseligkeit zwischen den Staaten legen könne, in denen kommunistische und kapitalistische Glaubensdoktrinen vorherrschen, mag gegenwärtig wohl als utopisch erscheinen. Die Schwierigkeit ist, daß die Zeit drängt. Wir haben nicht mehr drei- bis vierhundert Jahre Zeit, um darauf zu warten, daß sich die Gemüter abkühlen. Heute gehört es zu den dringlichsten Aufgaben, sowohl auf eine Verminderung der Rüstungen wie auf eine Dämpfung der bitteren Feindschaftsgefühle und der entsprechenden Furcht voreinander hinzuarbeiten, die zwei Staatengruppen mit unterschiedlichen sozialen Einrichtungen und Glaubensdoktrinen zu dem Wettrüsten ohne Ende und so schließlich zur möglichen Vernichtung des Gegners und ihrer selbst antreiben. Das ist der Grund, aus dem es mir wichtig zu sein scheint, mit dem Bemühen um eine militärische Abrüstung das Bemühen um eine ideologische Abrüstung zu verbinden. Auch bei der Bewältigung dieser Aufgabe spielt ganz gewiß die Bereitschaft der Staatsrepräsentanten auf beiden Seiten zur Dämpfung der Stimme, zur Mäßigung ihrer Wortangriffe aufeinander, kurzum: zu gegenseitiger Toleranz, eine entscheidende Rolle. Aber an dieser Aufgabe können, wie bereits angedeutet, die Regierten in sehr hohem Maße mitarbeiten. Denn vergessen wir es nicht: der Krieg ist ja letzten Endes eine gesellschaftliche Institution, ein von Menschen immer von neuem reproduziertes Herkommen, das auch deswegen nicht aufgehoben werden kann, weil die Gewohnheit zu tief in die Persönlichkeitsstrukturen eingebaut ist – die Gewohnheit des Hasses wie die der Entscheidung zwischenstaatlicher Konflikte durch den Gebrauch militärischer Gewalt.

In einem Zeitalter, in dem die Entwicklung der Waffentechnik und darüber hinaus der Technik überhaupt Menschen Machtmittel in die Hand gegeben hat, mit denen sie große Teile der Menschheit zerstören und vielleicht gar die Erde unbewohnbar machen können, wird es nötig, die überkommenen Formen des Zusammenlebens, und besonders auch die Standarde des Verhaltens, auf allen Ebenen einer Prüfung zu unterziehen. Das Ausmaß der Zerstörungen, die Menschen mit den technischen Mitteln unserer Tage anzurichten vermögen, ist größer als je zuvor. Man könnte wohl sagen, daß der Aufstieg zu einem bisher unerreichten Niveau der Gefahren, die Menschen in ihren Überlebenseinheiten, also vor allem in Staaten, füreinander bedeuten, den Übergang zu einer neuen Ära darstellt. Wir stehen vor der Wahl zwischen der weitgehenden Selbstzerstörung der Menschheit und der Abschaffung der Haltungen, die zu Kriegen als Mitteln der Lösung zwischenstaatlicher Konflikte führen.

Die zweite Alternative verlangt eine weitere Zivilisierung. Sie verlangt insbesondere eine größere Mäßigung als je zuvor in der Handhabung sozialer Konflikte von seiten aller Beteiligten.

Es gehört zu den Problemen, vor die man sich damit gestellt findet, daß sich die Entwicklung zwischenmenschlicher Beziehungen und der sie einklammernden Institutionen gegenwärtig weit langsamer vollzieht und auch noch weit schwieriger ist als die Entwicklung der Beziehungen von Menschen und nicht-menschlicher Natur, also als die des naturwissenschaftlichen und des technologischen Wissens. Die Schwierigkeiten, die sich daraus ergeben, werden noch verstärkt durch eine Wissenstradition, die sich trotz ihrer offensichtlichen Fragwürdigkeit mit unverminderter Stärke aufrechterhält: durch die überlieferte Gewohnheit, die Beziehungen der Menschen zur nicht-menschlichen Natur und die der Menschen zueinander in ihrer Entwicklung beim Sprechen und Denken als völlig unabhängige Prozesse hinzustellen. Es ist nur ein kleines Beispiel für diese Tendenz, die Ereignisse, denen man begegnet, in getrennte Schubfächer einzuordnen, daß die Vertreter der gegenwärtig größten Militärstaaten glauben, sie könnten zu effektiven Abmachungen über den Umfang ihrer Waffenlager und die Art der dort lagernden Waffen kommen, ohne zugleich ihrer Feindseligkeit gegeneinander Zügel anzulegen und mit großer Sorgfalt die Natur der Konflikte und ihrer eigenen Haltungen zu überprüfen, die dem Wettrüsten immer von neuem Antrieb geben.

23

Die schwelende Feindschaft zwischen den beiden militärischen Spitzenstaaten unserer Tage drängt beide Seiten ständig zu einer charakteristischen Entstellung der Tatsachen. Die Regierenden geben gewöhnlich beim Lancieren dieser Entstellungen den Ton an; ein beträchtlicher Teil der Regierten nimmt sie für bare Münze und glaubt an sie, denn sie schmeicheln dem Selbstgefühl.

Zu den sozialen Glaubensbekenntnissen beider Seiten gehört als Kernstück ein idealisiertes Bild der eigenen und ein herabsetzendes Bild der gegnerischen Gesellschaft. Wie in vielen anderen Fällen, wie ehedem etwa im Falle von Protestanten und Katholiken, so stellt sich auch heute wieder den beteiligten Menschen der Unterschied zwischen den sozialen Institutionen und den Glaubensdoktrinen der kapitalistischen und der kommunistischen Staaten als Gegensatz zwischen dem absolut Guten und dem absolut Bösen dar. Es erscheint so, als ob es sich um einen Gegensatz handelte, der als etwas Endgültiges in der Existenz der Menschheit begründet ist. Er würde, so zeigt sich der Mythos offenbar für das Empfinden vieler Menschen, ewig dauern, es sei denn, daß es der eigenen, der guten Seite gelänge, den Sieg über das absolut Böse der anderen Seite zu erringen. Der siegreiche Kommunismus, der siegreiche Kapitalismus stellt sich in diesem Sinne als Endzustand der Menschheitsentwicklung dar, als das Wirklichkeit gewordene Ideal. In der Hitze des Gefechts, blindlings getrieben von der

Dynamik dieser Vorkriegssituation, vermögen viele Angehörige der beiden Lager nicht über den Endsieg des eigenen sozialen Glaubens und die Einrichtung der ganzen Menschheit nach dessen Muster hinauszudenken, selbst wenn sie zugleich in einem anderen Schubfach dessen gewahr sind, daß die Schwächung aller Beteiligten am Ende eines dritten Weltkrieges wahrscheinlich groß genug sein würde, um die führende Rolle der Vereinigten Staaten und der Sowjetunion unter den Staaten der Menschheit endgültig in andere Hände übergehen zu lassen.

Wie die Dinge nun einmal liegen, können, so scheint es, die beiden ineinander verstrickten Hegemonialmächte, trotz der veränderten Kampfbedingungen, nur im gewohnten Geleise weiterdenken. So stark ist die Dynamik der Figuration, die sie miteinander bilden. Der siegreiche Kommunismus, der siegreiche Kapitalismus erscheint als Endzustand. Man denkt nicht darüber hinaus. Die Regierenden beider Seiten fühlen die Notwendigkeit, ihre Bürger auf einen möglichen Krieg vorzubereiten. Wenn dieser Krieg kommt, dann hängt für beide Seiten sehr viel von der Moral der Soldaten ab, von der Bereitschaft aller Angehörigen der eigenen Gruppe, ihr Leben für die gute Sache der eigenen Seite einzusetzen. Das zwingt zu dem vorbereitenden Bemühen, den Glauben an das absolut Gute der eigenen Sache, an das absolut Böse der Gegner tief im Gefühl der Menschen der eigenen Partei zu verankern.

Man kann unterstellen, daß die Führungsschichten der beiden Staatengruppen in aller Aufrichtigkeit handeln. Sie mögen selbst von dem tief empfundenen Glauben an das absolut Gute des eigenen, das absolut Böse des gegnerischen Gesellschaftsideals durchdrungen sein. Diesen Glauben, jeweils mit umgekehrtem Vorzeichen, scheinen die führenden Gruppen und vielleicht auch breitere Schichten der beiden gegnerischen Staatenblöcke miteinander zu teilen. Und er ist offenbar einer der entscheidenden Antriebe des unauslöschlichen Mißtrauens beider Seiten gegeneinander, das als Motor des schwer zu stoppenden Wettrüstens eine gewichtige Rolle spielt.

Die gegenwärtige Argumentationsstrategie zur Verteidigung des Kommunismus oder des Kapitalismus ist freilich, wie man sehen kann, etwas eigenartig. Sie verleitet zu einer eigentümlichen Vermischung von Ideal und Wirklichkeit. So wird es zum Beispiel nicht immer deutlich, ob in den Augen ihrer Repräsentanten die vorhandene sowjetische Gesellschaftsordnung bereits die Verwirklichung des kommunistischen Ideals darstellt, also eine kommunistische Gesellschaftsordnung ist, oder ob sie sich erst auf dem Wege dahin befindet; und im letzteren Falle wäre es interessant zu wissen, wie lang der Weg zur Verwirklichung dieses Ideals noch ist. Mit dem kapitalistisch-parlamentarischen Gesellschaftssystem verhält es sich nicht viel anders. Man hat sich daran gewöhnt, von der freien Welt zu sprechen. Es ließe sich gewiß rechtfertigen, wenn man sagen würde, daß die Menschen in den parlamentarischen Staaten im großen und ganzen ein individuell freieres Leben, mit all seinen Risiken, führen können als in den diktatorischen Staaten. Aber einfach von einer freien Gesellschaft im absoluten Sinne zu sprechen, bedeutet, den Mund etwas voll zu nehmen. Was ich damit meine, ist dies: Durch die ständige Idealisierung der eigenen Gesellschaftsordnung, die das Gegenstück zur Verteufelung der gegnerischen Gesellschaftsordnung ist, erweckt man den Eindruck, daß die tatsächlich bestehende Gesellschaftsordnung der eigenen Seite ein Endzustand sei, das verwirklichte Ideal.

Es mag für eine Entspannung von Nutzen sein, wenn man deutlicher, als es gewöhnlich geschieht, zwischen dem Idealbild einer kommunistischen Gesellschaft und der realen Gesellschaft der Sowjetunion, zwischen dem Idealbild einer kapitalistisch-parlamentarischen Gesellschaft und der tatsächlich existierenden Gesellschaft der Vereinigten Staaten unterscheidet. Dann wird es leichter, sich klar zu machen, daß weder der Kommunismus noch der Kapitalismus ein Endzustand in der Entwicklung menschlicher Gesellschaften sind. Beide sind Phasen einer Entwicklung, die mit hoher Wahrscheinlichkeit, wenn nicht der Krieg dazwischenkommt, über die gegenwärtigen Gesellschaftsformen, also über Kapitalismus und Kommunismus im heutigen Sinne der Worte, hinaus zu anderen Gesellschaftsformen führen wird. So, wie sie heute in Wirklichkeit vor uns stehen, sind beide, kommunistische und kapitalistische Gesellschaften, voll von offensichtlichen Mängeln, die der Reform bedürftig und fähig sind. Es lohnt sich ganz und gar nicht, um des Gegensatzes zwischen zwei Gesellschaftsformen willen, von denen jede ihre Vorzüge und ihre Nachteile hat, die aber beide im Verhältnis zu den Bedürfnissen der sie bildenden Menschen noch recht unvollkommene und vorübergehende Formen des Zusammenlebens sind, die Gefahr eines Krieges heraufzubeschwören, in dem die gesamte Zukunft der Menschheit auf dem Spiele steht.

Eine ganz andere Frage ist es, ob man beim Vergleich zwischen einer realen kommunistischen und einer realen kapitalistischen Gesellschaft, und in voller Kenntnis ihrer Mängel hier und jetzt, die eine dieser Gesellschaften der anderen vorzieht. Ich persönlich bin der Überzeugung, daß das westliche Gesellschaftssystem dem östlichen weit vorzuziehen ist. Meine Fähigkeiten, was immer sie sein mögen, hätten verkümmern müssen, wenn das Schicksal es gewollt hätte, daß ich im Osten Deutschlands, wo ich geboren wurde, hätte bleiben müssen. Aber die Frage, die sich alle Menschen, welchem Lager sie auch immer angehören, vorlegen sollten, ist die: Lohnt es sich, aufgrund der Parteinahme, besonders der emotionalen Parteinahme, für eines von zwei so unvollkommenen Gesellschaftssystemen einander die Köpfe einzuschlagen, genauer gesagt: durch ständige, bittere Angriffe auf die Gegenseite das Risiko eines Kernwaffenkrieges heraufzubeschwören? Erfordert nicht allein schon diese Gefahr, in der wir uns alle befinden, eine Politik der Toleranz?

Hier spreche ich also, ich wiederhole es noch einmal, von etwas, zu dem alle Menschen, die ein aktives Interesse an solchen Problemen haben, das Ihre beitragen können. Die Gefahr eines neuen Religionskrieges, eines Krieges zwischen Parteigängern gegensätzlicher sozialer Glaubensbekenntnisse, ist groß. Das Problem, das sich uns stellt, ist, wie man dem gegenseitigen Höherschrauben nicht nur der Rüstungen, sondern auch der Feindschaft der Menschengruppen, die sich da gegenüberstehen, Einhalt zu gebieten vermag; denn die Rüstungen schrauben sich ja nicht von selbst in die Höhe. Es ist die Angst, die Furcht, die offene oder unausgesprochene Feindseligkeit von Menschengruppen, die sie vorwärts treibt. Da also muß man einsetzen.

Wie wäre es, wenn man die leitenden Männer der beiden Staatengruppen dazu bringen könnte, durch die Praxis zu beweisen, daß die eine von ihnen als von Menschen für Menschen geschaffene Gesellschaftsform besser ist als die andere? Mag sein, daß das, was sich jetzt dazu sagen läßt, utopisch ist, eine Art von Gedankenexperiment. Wie wäre es, wenn die beiden gegnerischen Gruppen einen Pakt schlössen, auf die kriegerische Austragung ihrer Konflikte zu verzichten, und statt dessen in einen Wettbewerb miteinander einträten, welche der beiden Staatengruppen im Laufe der nächsten fünfzig Jahre am besten für die Wohlfahrt, die Freiheit, die Gleichheit der sie bildenden Menschen zu sorgen imstande sei? Ich halte es für sehr wahrscheinlich, daß sich in einer langen Friedenszeit, der wir ja möglicherweise wirklich entgegengehen, die heutigen Gesellschaftssysteme erheblich verändern werden. Es scheint mir zum Beispiel recht wahrscheinlich, daß sich in einem solchen Falle, bei wachsendem Wohlstand und wachsender Bildung der Bevölkerung, die Diktatur der kommunistischen Parteien sehr erheblich modifizieren würde, im Sinne größerer Reziprozität der Kontrolle von Regierenden und Regierten, und daß sich auch in den Vereinigten Staaten die durch die Eigenart des Wahlsystems noch relativ beschränkte Reziprozität der Kontrolle von Regierenden und Regierten in einer langen Friedenszeit, bei wachsendem Wohlstand und wachsender Bildung der Bevölkerung, mehr zugunsten der letzteren entwickeln würde.

Ich habe schon hervorgehoben, daß keine der beiden Gesellschaftsformen, deren Vertreter gegenwärtig um die Vormacht ringen, vollkommen ist. In beiden Fällen handelt es sich um Phasen in der Entwicklung der Menschheit, die möglicherweise weitergeht oder rückläufig wird. Persönlich mag man die westlichen Gesellschafts- und Regierungsformen denen des Sowjetblocks vorziehen. Aber es ist nicht unerläßlich, daß sich die Entscheidung für die Lebensformen der westlichen Welt mit einer Note der Feindseligkeit und Geringschätzung in bezug auf die Lebensformen des Ostblocks verbindet. Das Wohl und Wehe der Menschheit macht es erforderlich, auch im Falle einer solchen Entscheidung für größte Toleranz gegenüber der anderen Seite zu plädieren, für das Recht der kommunistisch regierten Länder, ihre eigenen Wege zu gehen, ohne sich bedroht zu fühlen – mit einer Einschränkung: diese Haltung kann auf der Seite der westlichen Länder nur Wurzel fassen, wenn sie auf Gegenseitigkeit beruht, wenn allmählich auch die Menschen des kommunistischen Blocks dafür arbeiten, die Bedrohung, ganz besonders auch durch die Revolutionspropaganda, der westlichen Länder abzubauen. Es gehört zu den Thesen der kommunistischen Ideologie, daß die Schwierigkeiten der Sowjetländer, und vor allem auch der Weiterbestand einer Parteidiktatur, wegen der Feindschaft der kapitalistischen Staaten und der Bedrohung der kommunistischen Staaten durch sie nicht verschwinden können. Aber dies ist ja eben das Gefährliche an jedem größeren Zyklus der Gewalttätigkeit, daß es sich stets um eine beiderseitige Feindseligkeit handelt und daß sich die feindseligen Gefühle und Handlungen beider Seiten gegenseitig hochschrauben. Die Gewalttätigkeit des zaristischen Regimes fand ihr Gegenstück in den Gewalttätigkeiten der russischen Revolution, diese ihr Gegenstück in den Gewalttätigkeiten gegenrevolutionärer Truppen zum Teil aus kapitalistischen Ländern.

Nun aber hat diese Verzahnung der gegenseitigen Feindseligkeiten, der gegenseitigen Drohung zweier Staatengruppen, einander mit Hilfe militärischer Gewalttätigkeiten auszulöschen, zu einer Zwangslage der Menschheit geführt. Es ist nicht die erste zwischenstaatliche Zwangslage dieser Art, nicht die erste Eskalation der Feindseligkeiten im Hegemonialkampf, aber vielleicht die letzte. Ganz gewiß empfinden gegenwärtig viele Menschen die Gefährlichkeit dieser Eskalation. Die Bedrohung durch einen neuen Krieg ist in aller Munde. Besonders junge Menschen leiden unter der Aussicht, zeitlebens im Schatten des Kernwaffenkrieges existieren zu müssen. Ich mache mich nicht anheischig, einen Ausweg zu wissen. Alles, was man zunächst einmal tun kann, ist, den Doppelbinder der Großmächte, die Zange, in der sie sich gegenseitig festhalten, zu erklären. Was man tun kann, ist, Gedankenmittel bereitzustellen, die zeigen, wo der Schlüssel liegt, mit dessen Hilfe man allmählich, mit Zähigkeit und Geduld, den Griff der Zange lockern könnte.

Dieser Schlüssel liegt nicht in den Waffen – so nützlich und wünschenswert eine Verminderung der Waffen ist, sie beseitigt nicht die Gefahr. Er liegt, das versteht sich, in den Menschen selbst, die die Waffen gebrauchen. Aber wenn sich das auch von selbst versteht, es wird nicht immer klar und deutlich gesagt. Die Gefahr beruht einzig und allein auf der Haltung der Menschen zueinander. Wenn es möglich wäre, die Feindseligkeit und das Mißtrauen der beiden Staatengruppen und besonders ihrer Führungsschichten abzubauen, würde die Gefahr sich mindern.

Allerdings hätte das nur einen Sinn, wenn es gleichzeitig

auf beiden Seiten geschähe, und das wäre sicherlich ein langsamer Vorgang. Er würde erhebliche Zeit brauchen. Man müßte im Westen sagen: »Laßt doch die Sowjets zeigen, was sie können. Sie behaupten immer, daß ihre Gesellschaftsordnung besser ist. Läßt sich das aufrechterhalten, wenn die Bedrohung des Krieges verschwindet?« Und in den östlichen Ländern müßte man sagen: »Laßt die kapitalistischen Länder zeigen, was sie können. Auch sie behaupten immer, daß ihre Gesellschaftsordnung besser als die kommunistische ist. Wird sich das auch bei einer langen Friedenszeit und bei gewaltlosem Wettbewerb der verschiedenen Staatensysteme aufrechterhalten lassen?« Das ist es, was ich unter ideologischer Abrüstung verstehe. Sie verlangt in der Tat einen weiteren Zivilisationsschub, eine größere Mäßigung und Toleranz der verschiedenen Staatengruppen im Verkehr miteinander.

Ich sage nicht, daß diese Verhaltensänderung, und besonders die gleichzeitige Änderung des Verhaltens auf beiden Seiten der Mauer, realisierbar ist. Ich stelle nur eine Diagnose. Ich sage nur, daß die Gefahr eines Kernwaffenkrieges nicht unausweichlich ist, daß die kommenden Generationen nicht bedingungslos dazu verurteilt sind, in ständiger Gefahr eines verheerenden Krieges zu leben. Gewiß ist es schwierig für die Führungsschichten der Großmächte, die Herren und Meister großer Waffenarsenale sind, die Krallen einzuziehen. Ich sehe keinen anderen Weg. Die Frage ist eigentlich nur, ob eine solche Veränderung des Verhaltens, eine Zähmung der Staaten im Verkehr miteinander ohne die erschütternde Erfahrung eines Krieges erreichbar ist.

24

Man kann die Probleme, von denen ich hier gesprochen habe, nur recht unscharf sehen, wenn man sie in einer ganz kurzfristigen, ganz auf die Gegenwart beschränkten Perspektive betrachtet. Ich habe versucht, etwas von dem zu zeigen, was an diesen Problemen sichtbar wird, wenn man sie in einen langfristigen Zusammenhang eingliedert. Lassen Sie mich zum Schluß noch einmal auf die Probleme der Bundesrepublik zurückkommen. Auch sie, hoffe ich, sieht man besser, wenn man über die Tagesfragen hinausblickt und, wie ausgeführt, mit einer gewissen Mäßigung an sie herantritt. Und vielleicht erkennt man dann auch besser, daß gerade in der Bundesrepublik viel getan werden kann, um der Wildheit, um dem Hegemonialrausch, der sich oft auf der einen oder der anderen Seite bemerkbar macht, entgegenzuwirken.

Die heutige Lage der Bundesrepublik erinnert mich manchmal an eine Geschichte, die ich vor langer Zeit einmal hörte und die mir nur in Umrissen im Gedächtnis geblieben ist. Die Geschichte handelt von einer Gruppe von Menschen, die in einem großen Palast zu Hause waren. In einem Krieg wurde der Palast niedergebrannt. Die Gruppe der ehemaligen Bewohner mußte von nun an in Zelten leben. Sie richteten sich in ihrer Zeltstadt recht und schlecht ein und waren es zunächst zufrieden, denn die Ältesten sagten ihnen, die Zelte seien ja nur eine provisorische Behausung; man müsse darauf warten, daß man die Gelegenheit finde, den durch den Krieg zerstörten Palast wieder aufzubauen. So lebte man in den Zelten. Die Jüngeren wurden älter. Eine neue Generation wuchs heran und fragte die Ältesten: »Warum müssen wir in Zelten leben? Wir können uns doch statt ihrer hier ein neues Haus bauen.« »Nein«, sagten die Ältesten, »wenn wir uns hier ein neues, bescheidenes Haus bauen, dann geht uns die Chance verloren, den schönen, alten Palast wieder aufzubauen.« Und so lebte man in der Zeltstadt von einer Generation zur anderen. Man feierte den 40. Jahrestag der Errichtung der Zeltstadt, dann den 50., den 60., den 75. Immer wieder fragten die Jüngeren: »Warum können wir nicht anstelle der Zeltstadt ein neues, festes Haus bauen?« Und die Alten sagten immer wieder: »Nein. Wenn wir hier etwas Neues aufbauen, geht uns das Recht verloren, aus den abgebrannten Ruinen den alten Palast wiederherzustellen.« Und so warteten sie eine Generation nach der anderen immer von neuem auf den Tag, an dem sie den alten, herrlichen Palast wiederherstellen könnten.

Ich habe manchmal das Gefühl, es wäre gut für die Zukunft der Bundesrepublik, wenn man sich dessen bewußt würde, daß man sich de facto langsam zu einem Nationalstaat mit seinen eigenen Traditionen, mit seiner eigenen Identität entwickelt hat. Dann könnte man sich an eine ganze Reihe von Aufgaben machen, die schwer zu bewältigen sind, solange man in der Bundesrepublik nur wie in einem provisorischen Zeltlager lebt. Es gibt so viel zu tun.

Gegenwärtig beruht das Eigenbewußtsein der Bundesrepublik, wie es scheint, vor allem auf dem Erstarken der Wirtschaft. Es könnte auch an der Tatsache Genugtuung finden, daß es in der Bundesrepublik Deutschen zum ersten Mal gelungen ist, auf lange Sicht hin ein funktionierendes Vielparteiensystem zu schaffen. Das ist kein ideales System. Aber vielleicht sieht man es mit anderen Augen als die meisten von Ihnen, wenn man so lange gelebt hat wie ich. Ich weiß noch genau, mit welchem Abscheu einst meine deutschnationalen Bekannten von dem parlamentarischen Regime der Weimarer Republik sprachen, mit welchem Haß gegen diese Schwatzbude. »Wir können«, so sagten sie, »keinen Parlamentarismus in Deutschland haben. Das ist undeutsch, das ist etwas vom Westen Aufgezwungenes, das nicht in der deutschen Tradition steht.« Ich erinnere mich noch sehr genau daran. Es stand wirklich nicht in der deutschen Tradition. Und nun ist es eines der großen, neuen Verdienste dieses neuen Staates, der deutschen Bundesrepublik, daß sie eine wirklich funktionierende parlamentarische Regierung hat; nun ist es also nach einem Kriege, nach der bitteren Erfahrung eines solchen Krieges gelungen, mit bestimmten Gewohnheiten zu brechen. Wenn man nun endlich aufhörte, diese Bundesrepublik nur als etwas Provisorisches zu betrachten, wenn man sie sehen könnte als das, was sie wirklich ist: als einen neuen deutschen Staat, der, wie man hoffen kann, noch viele Jahrzehnte in Frieden und Wohlstand leben wird, dann könnte man sich bewußter daran machen, eine Tradition der Menschlichkeit in der Bundesrepublik aufzubauen, für die es ebenfalls heute schon Ansätze gibt. Denn die zivilisatorische Änderung der Haltungen, von der ich zuvor sprach, ist vielleicht wirklich bereits im Gange.

Dann wäre es auch leichter, das zu erreichen, was man zuweilen die Bewältigung der Vergangenheit nennt. Ich habe es schon gesagt: Hitler und die Erinnerung an all das

Schreckliche, was dieser Name bedeutet, werden aus der deutschen Geschichte nicht verschwinden. Es ist schwer, besonders für junge Menschen, mit diesem Problem zu Rande zu kommen, solange sich die Bundesrepublik nur als ein Provisorium auffaßt und nicht als einen eigenen deutschen Staat mit seiner Kultur und seinen Traditionen. Es ist ganz merkwürdig, daß man sich vorstellt, man gebe damit die Möglichkeit eines Zusammentreffens mit dem anderen deutschen Staat preis. Wenn sich die Gelegenheit dazu ergibt, wenn beide Seiten es wollen und können, dann steht einer solchen Annäherung ganz gewiß nicht im Wege, daß auch die Bundesrepublik das tut, was die DDR längst getan hat: nämlich sich selbst als deutschen Staat mit seiner eigenen Kultur, seiner eigenen Tradition und zugleich auch mit der gemeinsamen, alten deutschen Tradition zu begreifen. Dann würde man vielleicht auch besser verstehen, welche Bedeutung in einem solchen Staate der Herausbildung einer eigenständigen Kultur, der Pflege der individuellen Kreativität und, wie gesagt, der Menschlichkeit zukommt, also unter anderem auch der Ausbildung freundlicher und hilfreicher Haltungen gegenüber andersartigen Menschengruppen im eigenen Lande und in anderen Ländern.

Denn wenn sich auch die europäischen Länder, unter ihnen das westdeutsche Land, weder als einzelne noch insgesamt an militärischer Macht mit den beiden gegenwärtigen Großmächten messen können, so gibt es doch keinen Grund, warum die Angehörigen kleinerer Länder nicht Großes leisten sollten. Die noch heute weitverbreitete Vorstellung, daß die jeweils militärisch mächtigsten Staaten auch in nichtmilitärischer Hinsicht, und besonders in ihrer Menschlichkeit oder in ihrer künstlerischen, wissenschaftlichen und technischen Schöpferkraft, an der Spitze der Menschheit stehen müssen, ist eine bedrückende Legende. Die Legende selbst und die Last der Zweitrangigkeit, die sie allzu leicht den Angehörigen weniger mächtiger Staaten aufbürdet, können erheblich dazu beitragen, deren Leistungskraft zu lähmen oder gar zu zerstören.

Diese Gefahr ist besonders groß im Falle der vielen europäischen Staaten, die einst Hegemonial- und Militärstaaten ersten Ranges waren. Nicht nur die Bundesrepublik, fast alle westeuropäischen Staaten leben heute im Schatten der größeren Vergangenheit. Auch sie müssen sich ein neues Haus bauen. Als Erben vergangener Größe haben sie alle eine Vergangenheit zu bewältigen, die sie mit dem Gefühl bedrängt, als Nation in der Welt abgestiegen zu sein. Die Vergangenheit, die sie zu bewältigen haben, ist in einzelnen Fällen recht verschieden. Sie stellt die gegenwärtig Lebenden im Falle der Italiener und der Niederländer vor eine andere Aufgabe als im Falle der Spanier oder der Schweden. Die Nachfahren der langjährigen Vormächte Europas, Franzosen und Engländer, stehen in vieler Hinsicht vor einer ganz anderen, wenn auch kaum weniger schwierigen Aufgabe bei der Bewältigung ihrer Vergangenheit als die Bundesdeutschen. Aber wenn man Europa aus einiger Distanz betrachtet, dann wird die Gemeinsamkeit des Geschicks der Europäer deutlich genug. Dann sieht man, daß der Zweite Weltkrieg eine einschneidendere Veränderung in der Lage der europäischen Nationen mit sich brachte als die vorangehenden Kriege. Nicht nur ein einzelnes europäisches Land, die Gesamtheit der europäischen Länder hat ihre Position als führende Gruppe der Menschheit, die sie für drei oder vier Jahrhunderte eingenommen hatte, zum guten Teil verloren.

Das ist, wie erwähnt, eine nicht ungefährliche Situation. Ich könnte an Staaten erinnern, die selbst im Laufe von mehreren Jahrhunderten einen solchen Verlust nicht ganz verwunden haben und dadurch in ihrer gegenwärtigen Leistungsfähigkeit, wie mir scheint, schwer beeinträchtigt wurden. Aber der Hinweis auf das Problem muß in diesem Zusammenhang genügen. Man weist damit auf einen der gemeinsamen Züge des europäischen Schicksals hin.

Ich habe das Gefühl, daß in dieser Hinsicht die Bundesrepublik auf gutem Wege ist. Man braucht die Vergangenheit nicht zu vergessen und auch die Aufgabe ihrer Bewältigung nicht, wenn man die Augen mit aller Entschiedenheit auf die Zukunft richtet. Wenn das geschieht, dann wird deutlicher, welche Bedeutung es hat, daß in der Bundesrepublik mit der Zeit das Bewußtsein sich stärkt: Hier ist ein neuer deutscher Staat entstanden, ein menschlicher Staat, dessen Angehörige in der Lage sind, ein Gefühl der Zusammengehörigkeit mit dem der Zugehörigkeit zur Gruppe der europäischen Staaten zu verbinden. Wenn dieses Bewußtsein erstarkt und mit ihm das Gefühl der eigenen Leistungsfähigkeit nicht nur auf wirtschaftlichem Gebiet, sondern auch in allen anderen Sektoren des menschlichen Zusammenlebens, dann, so scheint mir, wird es auch leichter möglich, daß die jungen Generationen der Bundesrepublik, wenn sie im Ausland auf Hitler angesprochen werden, mit einer gewissen Gelassenheit sagen können: »Hitler? Ja gewiß, das war einmal. Aber heute sind wir anders.«

edition suhrkamp. Neue Folge

Abelshauser, Wirtschaftsgeschichte der Bundesrepublik Deutschland 1945–1980 241
Abish, Quer durch das große Nichts 163
Achebe, Ein Mann des Volkes 84
Achebe, Okonkwo oder das Alte stürzt 138
Afonin, Im Moor 96
Alter, Nationalismus 250
Alves, Neigung zum Fluß 83
Alves, Maanja 159
Ammann (Hg.), Randzonen 219
Antes, Poggibonsi 1979–1980 35
Arlati, Auf der Reise nach Rom 53
Aron/Kempf, Der sittliche Verfall 116
Backhaus, Marx und die marxistische Orthodoxie 43
Bade, Europäischer Imperialismus im Vergleich 271
Badura (Hg.), Soziale Unterstützung und chronische Krankheit 63
Barthes, Leçon/Lektion 30
Barthes, Das Reich der Zeichen 77
Barthes, Die Rauheit der Stimme 126
Barthes, Elemente der Semiologie 171
Barthes, Michelet 206
Bayrle, Rasterfahndung 69
Becher, Der rauschende Garten 187
Beckett, Flötentöne 98
Beckett, Mal vu mal dit/ Schlecht gesehen schlecht gesagt 119
Benjamin, Moskauer Tagebuch 20
Benjamin, Das Passagen-Werk 200
Berding, Antisemitismus in Deutschland 1870–1980 257
Berghahn, Unternehmer und Politik in der Bundesrepublik 265
Bernhard, Die Billigesser 6
Beti, Remember Ruben 145
Biesheuvel, Der Schrei aus dem Souterrain 179
Blanchard/Koselleck/Streit, Taktische Kernwaffen 195
Blankenburg (Hg.), Politik der inneren Sicherheit 16
Blasius, Geschichte der politischen Kriminalität in Deutschland 1800–1980 242
Bloch, Abschied von der Utopie? 46
Bloch, Kampf – nicht Krieg 167
Blok, Die Mafia in einem sizilianischen Dorf 1860–1960 82
Böhmler, Drehbuch 91
Böni, Hospiz 4
Böni, Alvier 146
Böni, Der Johanniterlauf 198
Bohrer, Plötzlichkeit. Zum Augenblick des ästhetischen Scheins 58
Bohrer (Hg.), Mythos und Moderne 144

Bonß/Heinze (Hg.), Arbeitslosigkeit in der Arbeitsgesellschaft 212
Bornhorn, America oder Der Frühling der Dinge 25
Bornhorn, Der Film der Wirklichkeit 154
Botzenhart, Reform, Restauration, Krise 252
Brackert/Wefelmeyer (Hg.), Naturplan und Verfallskritik 211
Brandt (Hg.), Die Selbstbehauptung Europas 298
Brasch, Engel aus Eisen 49
Braun, Berichte von Hinze und Kunze 169
Brodsky, Der Tatbestand und seine Hülle 114
v. Bruch, Deutsche Universitäten 1734–1980 275
Bürger (Hg.), Zum Funktionswandel der Literatur 157
Bürger/Bürger/Schulte-Sasse (Hg.), Aufklärung und literarische Öffentlichkeit 40
Bürger/Bürger/Schulte-Sasse (Hg.), Zur Dichotomisierung von hoher und niederer Literatur 89
Bulla, Weitergehen 2
Buro/Grobe, Vietnam! Vietnam? 197
Buselmeier, Der Untergang von Heidelberg 57
Buselmeier, Radfahrt gegen Ende des Winters 148
Calasso, Die geheime Geschichte des Senatspräsidenten Dr. Daniel Paul Schreber 24
Carpentier, Stegreif und Kunstgriffe 33
Casey, Racheträume 70
Chi Ha, Die gelbe Erde und andere Gedichte 59
Condori Mamani, »Sie wollen nur, daß man ihnen dient ...« 230
Cortázar, Reise um den Tag in 80 Welten 45
Cortázar, Letzte Runde 140
Dedecius (Hg.), Ein Jahrhundert geht zu Ende 216
Der religiöse Faktor 147
Dippel, Die Amerikanische Revolution 1763–1787 263
Ditlevsen, Sucht 9
Ditlevsen, Wilhelms Zimmer 76
Ditlevsen, Gesichter 165
Doi, Amae – Freiheit in Geborgenheit 128
Dorst, Mosch 60
Duerr (Hg.), Versuchungen. Aufsätze zur Philosophie Paul Feyerabends. 1. Bd. 44
Duerr (Hg.), Versuchungen. Aufsätze zur Philosophie Paul Feyerabends. 2. Bd. 68
Duerr (Hg.), Die wilde Seele 235
Duras/Porte, Die Orte der Marguerite Duras 80
Duras, Sommer 1980 205
edition suhrkamp. Ein Lesebuch 300
Eisenbeis (Hg.), Ästhetik und Alltag 78
Elias, Der bürgerliche Künstler in der höfischen Gesellschaft 12
Enzensberger, Die Furie des Verschwindens 66
Erben/Franzkowiak/Wenzel (Hg.), Die Ökologie des Körpers 234

Erd (Hg.), Reform und Resignation. Gespräche über Franz L. Neumann 239
Esser, Gewerkschaften in der Krise 131
Esser/Fach/Väth, Krisenregulierung 176
Feyerabend, Erkenntnis für freie Menschen 11
Feyerabend, Wissenschaft als Kunst 231
Flemming, Deutscher Konservatismus 1780–1980 253
Foidl, Scheinbare Nähe 237
Frank, Der kommende Gott 142
Frank, Was ist Neostrukturalismus? 203
Frevert, Geschichte der deutschen Frauenbewegung 284
Furtado, Brasilien nach dem Wirtschaftswunder 186
Geyer, Deutsche Rüstungspolitik 1860–1980 246
Glöckler, Seitensprünge 36
Glotz (Hg.), Ziviler Ungehorsam im Rechtsstaat 214
Glück, Falschwissers Totenreden(t) 61
Goffmann, Geschlecht und Werbung 85
Good (Hg.), Von der Verantwortung des Wissens 122
Goytisolo, Dissidenten 224
Greschat, Politischer Protestantismus 288
Grimm, Deutsche Verfassungsgeschichte 1803–1980 272
Guldimann, Moral und Herrschaft in der Sowjetunion 240
Handke, Phantasien der Wiederholung 168
Hänny, Zürich, Anfang September 79
Hänny, Ruch 295
Hardtwig, Vereinswesen in Deutschland 1780–1980 282
Hart Nibbrig, Der Aufstand der Sinne im Käfig des Textes 221
Hart Nibbrig/Dällenbach (Hg.), Fragment und Totalität 107
Heider, Schülerprotest in der Bundesrepublik Deutschland 158
Heimann, Soziale Theorie des Kapitalismus. Theorie der Sozialpolitik 52
Held/Ebel, Krieg und Frieden 149
Hengst (Hg.), Kindheit in Europa 209
Hennig, Der normale Extremismus 162
Henrich, Fixpunkte der Kunst 125
Hentschel, Geschichte der deutschen Sozialpolitik 1880–1980 247
Heusler (Hg.), Afrikanische Schriftsteller heute 92
Hildesheimer, The Jewishness of Mr. Bloom/Das Jüdische an Mr. Bloom (Engl./Dt.) 292
Hinrichs, Die Französische Revolution 1789 280
Hochstätter, Kalt muß es sein schon lang 95
Hörisch, Gott, Geld und Glück 180

Hohendahl/Herminghouse (Hg.), Literatur der DDR in den siebziger Jahren 174
Jackson, Annäherung an Spanien 1898–1975 108
Jarausch, Deutsche Studenten 1800–1970 258
Jasper, Von der Auflösung der Weimarer Republik zum NS-Regime 270
Jendryschik, Die Ebene 37
Jestel (Hg.), Der Neger vom Dienst. Afrikanische Erzählungen 28
Jestel (Hg.), Das Afrika der Afrikaner. Gesellschaft und Kultur Afrikas 39
Johnson, Begleitumstände. Frankfurter Vorlesungen 19
Joyce, Ulysses 100
Joyce, Penelope. Das letzte Kapitel des »Ulysses« 106
Kaelble, Europäische Sozialgeschichte 1880–1980 285
Kahle (Hg.), Logik des Herzens. Die soziale Dimension der Gefühle 42
Kaltenmark, Lao-tzu und der Taoismus 55
Kamper/Wulf (Hg.), Die Wiederkehr des Körpers 132
Kamper/Wulf (Hg.), Das Schwinden der Sinne 188
Kenner, Ulysses 104
Kickbusch/Riedmüller (Hg.), Die armen Frauen 156
Kirchhoff, Body-Building 5
Klöpsch/Ptak (Hg.), Hoffnung auf Frühling. Moderne chinesische Erzählungen I 10
Kluge, Schlachtbeschreibung 193
Kluge, Neue Geschichten 294
Kluge, Die deutsche Revolution 1918/1919 262
Kluxen, Geschichte und Problematik des Parlamentarismus 243
Knopf (Hg.), Brecht-Journal 191
Koch, Intensivstation 173
Koebner (Hg.), »Mit uns zieht die neue Zeit« 229
Köhler u. a., Kindheit als Fiktion. Fünf Berichte 81
Kolbe, Hineingeboren. Gedichte 1975–1979 110
Kolbe, Abschiede und andere Liebesgedichte 178
Konrád, Antipolitik 293
Koppe, Grundbegriffe der Ästhetik 160
Krall, Schneller als der liebe Gott 23
Kraul, Das deutsche Gymnasium 1780–1980 251
Kris/Kurz, Die Legende vom Künstler 34
Kroetz, Nicht Fisch nicht Fleisch. Verfassungsfeinde. Jumbo-Track. Drei Stücke 94
Kroetz, Frühe Prosa/Frühe Stücke 172
Kroetz, Furcht und Hoffnung der BRD 291
v. Kruedener, Deutsche Finanzpolitik 1871–1980 274
Kubin (Hg.), Hundert Blumen. Moderne chinesische Erzählungen II 10
Laederach, Fahles Ende kleiner Begierden 75

Laederach, In extremis 161
Langewiesche, Deutscher Liberalismus 286
Lao She, Das Teehaus 54
Lautmann, Der Zwang zur Tugend 189
Lee, Russisches Tagebuch 194
Lehnert, Sozialdemokratie zwischen Protestbewegung und Regierungspartei 1848–1983 248
Leibfried/Tennstedt (Hg.), Politik der Armut 233
Leisegang, Lauter letzte Worte 21
Lem, Dialoge 13
Leroi-Gourhan, Die Religionen der Vorgeschichte 73
Leutenegger, Lebewohl, Gute Reise 1
Lévi-Strauss, Mythos und Bedeutung 27
Lévi-Strauss/Vernant u. a., Mythos ohne Illusion 220
Lezama Lima, Die Ausdruckswelten Amerikas 112
Link-Salinger (Hyman) (Hg.), Signatur G. L.: Gustav Landauer im »Sozialist« 113
Lönne, Politischer Katholizismus 264
Löwenthal, Mitmachen wollte ich nie 14
de Loyola Brandao, Kein Land wie dieses 236
Lüderssen (Hg.), V-Leute – Die Falle im Rechtsstaat 222
Luginbühl, Die kleine explosive Küche 103
Lukács, Gelebtes Denken 88
Marechera, Das Haus des Hungers 62
Marschalck, Bevölkerungsgeschichte Deutschlands im 19. und 20. Jahrhundert 244
Martin/Dunsing/Baus (Hg.), Blick übers Meer 129
Marx, Enthüllungen zur Geschichte der Diplomatie im 18. Jahrhundert 47
de Mause, Grundlagen der Psychohistorie 175
Mayer, Versuche über die Oper 50
Mayröcker, Magische Blätter 202
McKeown, Die Bedeutung der Medizin 109
Meier, Die Ohnmacht des allmächtigen Dictators Caesar 38
Menninghaus, Paul Celan. Magie der Form 26
Mercier, Beckett/Beckett 120
Mitterauer, Sozialgeschichte der Jugend 278
Möller, Deutsche Aufklärung 1740–1815 269
Mooser, Arbeiterleben in Deutschland 1900–1970 259
Morshäuser (Hg.), Thank you good night 227
Moser, Eine fast normale Familie 223
Moshajew, Die Abenteuer des Fjodor Kuskin 72
Müller-Schwefe (Hg.), Von nun an. Neue deutsche Erzähler 3
Muschg, Literatur als Therapie? 65

Nakane, Die Struktur der japanischen Gesellschaft 204
Ngugi wa Thiong'o, Verborgene Schicksale 111
Ngugi wa Thiong'o, Der gekreuzigte Teufel 199
Niederland, Folgen der Verfolgung: Das Überlebenden-Syndrom. Seelenmord 15
Office of Technology Assessment, Atomkriegsfolgen 296
Oppenheim, Husch, husch der schönste Vokal entleert sich 232
Paley, Veränderungen in letzter Minute 208
Paz, Suche nach einer Mitte 8
Paz, Der menschenfreundliche Menschenfresser 64
Paz, Zwiesprache 290
Pazarkaya (Hg.), Der große Rausch. Türkische Erzähler der Gegenwart 102
Pinget, Apokryph 139
Piven/Cloward, Aufstand der Armen 184
Platschek, Porträts mit Rahmen. Aufsätze zur modernen Malerei 86
Posener, Geschichte der Architektur im 20. Jahrhundert 207
Prokop, Medien-Wirkungen 74
Pruss-Kaddatz, Wortergreifung. Zur Entstehung einer Arbeiterkultur in Frankreich 115
Pusch (Hg.), Feminismus. Inspektion der Herrenkultur 192
Pusch, Das Deutsche als Männersprache 217
Rahnema (Hg.), Im Atem des Drachen. Moderne persische Erzählungen 93
Reif, Sozialgeschichte des deutschen Adels 277
Reulecke, Geschichte der Urbanisierung in Deutschland 249
Ribeiro, Unterentwicklung, Kultur und Zivilisation 18
Ribeiro, Die Brasilianer 87
Ribeiro, Sargento Getúlio 183
Rippel (Hg.), Wie die Wahrheit zur Fabel wurde 130
Rodinson, Die Araber 51
Rubinstein, Nichts zu verlieren und dennoch Angst 22
Rutschky (Hg.), Errungenschaften. Eine Kasuistik 101
Saage, Rückkehr zum starken Staat? 133
Schissler, Geschichte des preußischen Junkertums 273
Schleef, Die Bande 127
Schönhoven, Deutsche Gewerkschaften 1860–1980 287
Schröder, Die Englische Revolution 1640–1688 279
Schüler-Springorum (Hg.), Jugend und Kriminalität 201
Schwacke, Carte blanche 164
Schwarzer, Lohn: Liebe. Zum Wert der Frauenarbeit 225
Sebeok/Umiker-Sebeok, »Du kennst meine Methode« 121
Senghaas, Von Europa lernen 134
Sieder, Geschichte der Familie 276

Siemann, Die Revolution 1848/49 in Deutschland 266
Sinclair, Der Fremde 7
Sloterdijk, Kritik der zynischen Vernunft 99
Peter Sloterdijks »Kritik der zynischen Vernunft« 297
Sohn-Rethel, Soziologische Theorie der Erkenntnis 218
Sorescu, Abendrot Nr. 15 136
Staritz, Geschichte der DDR 1949–1984 260
Stein/Stein, Das koloniale Erbe Lateinamerikas 210
Steinweg (Red.), Der gerechte Krieg: Christentum, Islam, Marxismus 17
Steinweg (Red.), Das kontrollierte Chaos. Die Krise der Abrüstung 31
Steinweg (Red.), Unsere Bundeswehr? Zum 25jährigen Bestehen einer umstrittenen Institution 56
Steinweg (Red.), Hilfe + Handel = Frieden? Die Bundesrepublik in der Dritten Welt 97
Steinweg (Red.), Faszination der Gewalt. Politische Strategie und Alltagserfahrung 141
Steinweg (Red.), Die neue Friedensbewegung 143
Steinweg (Red.), Medienmacht im Nord-Süd-Konflikt 166
Steinweg (Red.), Vom Krieg der Erwachsenen gegen die Kinder 190
Steinweg (Red.), Rüstung und soziale Sicherheit 196
Steinweg (Red.), Kriegsursachen 238
Struck, Kindheits Ende. Journal einer Krise 123
Tabori, Unterammergau oder Die guten Deutschen 118
Tendrjakow, Sechzig Kerzen 124
Thompson, Die Entstehung der englischen Arbeiterklasse 170
Thränhardt, Geschichte der Bundesrepublik 1949–1984 267
Todorov, Die Eroberung Amerikas 213
Trevisan, Ehekrieg 41
Ullmann, Wirtschaftliche und politische Interessenverbände in Deutschland 1870–1980 283
Veil, Die Wiederkehr des Bumerangs 137
Vernant, Die Entstehung des griechischen Denkens 150
Veyne, Glaubten die Griechen an ihre Mythen? 226
Vobruba, Politik mit dem Wohlfahrtsstaat 181
Vogl, Hassler 182
Voigt (Hg.), Abschied vom Recht? 185
Wagner (Hg.), Literatur und Politik in der VR China 151
Walser, Selbstbewußtsein und Ironie. Frankfurter Vorlesungen 90
Wambach (Hg.), Der Mensch als Risiko 153

Wambach/Hellerich/Reichel (Hg.), Die Museen des Wahnsinns und die Zukunft der Psychiatrie 32
Wehler, Grundzüge der amerikanischen Außenpolitik 1750–1900 254
Wehler, Preußen ist wieder chic ... 152
Weiss, Notizbücher 1971–1980. Zwei Bände 67
Weiss, Notizbücher 1960–1971. Zwei Bände 135
Weiss, Der neue Prozeß 215
Winkler, Die Verschleppung 177
Wippermann, Europäischer Faschismus im Vergleich 1922–1982 245
Wirz, Sklaverei und kapitalistisches Weltsystem 256
Witt, Die deutsche Inflation 1914–1924 268
Wollschläger liest »Ulysses« 105
Wünsche, Der Volksschullehrer Ludwig Wittgenstein 299
Wunder, Geschichte der deutschen Bürokratie 281
Wunder, Bäuerliche Gesellschaft in Deutschland 1524–1789 255
Ziebura, Weltwirtschaft und Weltpolitik 1922/24–1931 261
Zoll (Hg.), »Hauptsache, ich habe meine Arbeit« 228
Zschorsch, Glaubt bloß nicht, daß ich traurig bin 71
Zschorsch, Der Duft der anderen Haut 117